香港中和出版有限公司
www.hkopenpage.com

U0015124

貧困クライシス

貧困危機
日本「最底層」社會

国民総「最底辺」社会

藤田孝典 著　　胡建君 譯

前言

　　貧困在日本以驚人的速度持續蔓延。它步步緊逼，當你意識到的時候恐怕已無法動彈。迄今為止，我已在書中用「下游老人」「貧困時代」等詞敲過警鐘。

　　本書所要講述的就是這樣不斷滲透蔓延到每代人中的貧困。老人、年輕人、孩子⋯⋯不論男女，每代人都在貧困中掙扎。這樣的時代是史無前例的。正如本書的題目所言，當今社會正處於可以被稱為「貧困危機」的嚴峻態勢之中。

　　舉例來說，孩子的貧困是看不出來的。他們有文具，享受國家免除書費的政策，甚至還有手機，身上穿的衣服也並不破爛。儘管這樣，還是有孩子因為沒錢去上補習班而跟不上學習進度。一旦融不進朋友的圈子，孩子在學校裡就失去了立足之地，跟不上班級進度的孩子只能待在家裡，上網找人聊天。天黑了，用超市的熟食或是便利店的便當湊合當晚飯。在外兼職的母親很遲

才能回家，如果是在過去的年代，那時孩子早已進入夢鄉。母親兼職收入微薄，難以維持家用，多虧下班後超市食品區經常打折。成天忙於工作的母親，並不知道父母不在家的時候孩子在做些甚麼。於是，處境相同的孩子在外面一起玩到很晚也不會有人知道。長此以往，他們會以為自己是沒人關心的、彷彿不存在的人。

這樣的孩子在日本各地悄悄地生活着。

為了擺脫貧困，高中畢業後的年輕人選擇上大學，大學畢業後儘可能找一份穩定且薪資待遇優厚的工作。為了賺取學費以維持在校生活，他們一邊學習一邊兼職數份工作，從早忙到晚，幾乎沒有睡覺休息的時間，更不用說娛樂了。剛邁出學校的大門，還沒接受畢業的祝福，他們就已背負了有「獎學金」之美名的債務，從而不得不忍受黑心企業的壓榨，擔驚受怕、度日如年。身邊早已身心俱疲的公司前輩們，因忍受不了常年加班以及來自上司的壓力而紛紛辭職，下次可能就輪到自己了。他們憂心忡忡地試圖另找一份工作，卻發現無論到哪裡情況都差不多，根本無處可逃。

日本到處都有這樣因焦慮而幾近崩潰的年輕人。

日本各地被「若隱若現的貧困」籠罩着，讓人不知如何是好。有人說，東南亞地區仍有孩子生活在貧民窟裡，只能露宿街頭，與這些地方相比，日本還算富裕的國家。在此我要反對這種說法。在本書中我也會詳細講

到，貧困有「絕對貧困」和「相對貧困」之分。不得不露宿街頭的悽慘狀態，我們稱之為「絕對貧困」；與此不同，無法在健康、文明和「人」的需求上得到滿足的生活狀態，我們稱之為「相對貧困」。在日本，「相對貧困」正在不斷蔓延，從青年人，到年富力強的中年人、壯年人，再到老年人，不分男女。「雖然現在的生活還不富裕，但只要勤勤懇懇地工作，終將等到幸福的晚年」，一個失去了如是希望的社會，即便未達到絕對貧困，也是暴露在貧困危機之下、充滿壓力的社會。

以埼玉縣埼玉市為基地，我和非營利組織 hotplus 的夥伴們長期致力於組織並參加援助貧困戶的活動。15 年來，顯而易見的貧困人群 —— 因過度體力勞動導致身體超負荷，被房東趕出公寓只能露宿街頭 —— 早已銷聲匿跡了。這也與扶貧機構向他們提供臨時住所，以及網咖的全國普及有關。然而，無法客觀正視自己生活狀況的嚴峻性、跟誰都不商量而把自己逼上絕路的人卻有增加的趨勢。「不想承認自己是貧困者」的意識讓貧困更加難以被看到。幸而，hotplus 每年有超過 500 起諮詢案例，使作為援助者的我們能夠輕易看到貧困。我希望能把自己看到的貧困傳達給社會，哪怕是一小部分也好，讓越來越多的人意識到貧困危機的存在，並早日獲得應對貧困危機的能力。

言歸正題，本書第 1 章講 10 多歲到 20 多歲的年齡層所面臨的貧困。為甚麼年輕人進入公司才 3 年就辭職？為甚麼年輕人都不結婚？對長輩來說，現今的年輕人身上處處是難解之謎。第 1 章便客觀地講述了這些年輕人所處的狀況。

第 2 章講 40 多歲、支撐家計的中年人的勞苦。擔負家計的中年人被迫進行不合法的長期勞動，形勢嚴峻，而且那些無法承擔家計的「蟄居族」、「啃老族」和沒有工作的年輕人也正逐漸步入中年。在這樣的情況下，全家人都可能因貧困倒下。

第 3 章講女性所面臨的貧困。第 2 章所講的「中年人所面臨的貧困」沒有涉及女性的案例，這是因為中年男性與中年女性所面臨的貧困是兩個完全不同的問題。其社會背景涉及從經濟高度成長期開始延續至今的男女工資差距。在終身雇傭制度崩潰的波瀾中，首當其衝的是那些靠獨自一人的力量生存的女性，包括單身母親。本章用較大篇幅講述了她們的情況。

第 4 章例舉了 65 歲以上老年人的貧困案例。向 hotplus 尋求幫助的人半數是年過花甲、無收入來源的老人。長壽反倒釀成了不可估量的悲劇，令人唏噓。

第 1 章到第 4 章的結尾處，作為「建議」，請允許我指出今後日本應有的走向。

第 5 章進一步總結了針對貧困現狀的具體對策。如

有正為生計發愁的讀者，請儘管從第 5 章開始閱讀。

　　若能通過本書，釐清日本人陷入終生貧困的背景和現狀，與讀者共同摸索使日本重獲新生的道路，也是一件幸事。

目錄

第2章
中年人的貧困

第 3 章
女性的貧困

第4章
老年人的貧困

第 5 章
日本貧困生活
社會和個人所能採取的最好策略

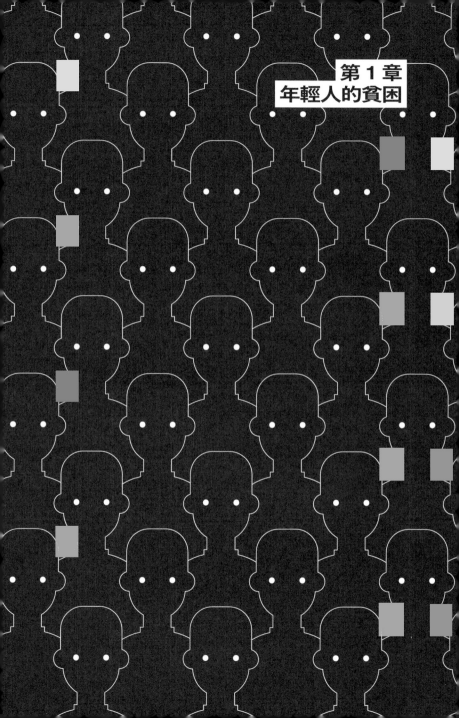

第 1 章
年輕人的貧困

十幾歲輟學的孩子，剛邁入社會就背負了 300 萬日元貸款型獎學金的畢業生，被當作一次性勞力使用、二十幾歲就因病倒而失業的年輕人……「你們還年輕，隨時都可以重新開始」，這樣的看法還要持續多久？

本章認為年輕人的形象已經發生了改變，並回顧 1990 年代以來雇傭制度的崩潰在工作和人生觀上給 90 後年輕人帶來了何種影響。在經濟高度成長期間，團塊世代 [1] 完成了財富累積。與有團塊世代支持的團塊二代 [2] 相比，更年輕的幾代人可以說幾乎處於學校、企業和地方社會的邊緣，快要跌落。為了不讓這樣的危機再傳遞到下一代人，必須從年輕人出發，着手建立起讓日本重獲新生的計劃。

「你又不窮」，
尋求幫助卻被言論攻擊的女高中生

2016 年 8 月 18 日，日本 NHK 新聞播出了以「孩子面臨的貧困」為主題的節目。孩子們在節目中講述生活的窮困，節目組用攝像機記錄下他們家庭的情況作為

1　日本戰後第一次嬰兒潮（1947–1949）期間出生的日本人。（本書腳註都為編者註）

2　日本第二次嬰兒潮（1971–1974）期間出生的日本人。

佐證向觀眾進行介紹。

在名為「神奈川兒童貧困對策會議」的活動中，節目組在眾多參加活動的孩子中選了一位立志成為設計師的女高中生。女孩和母親兩人居住的公寓沒有空調。儘管學校有電腦課，但女孩並沒有電腦，取而代之的是一個看起來非常簡樸的小型鍵盤，這是給女孩練習打字用的。由於經濟上的原因，女孩沒能進入繪畫專科學校上學。「看起來理所應當的事對有的孩子來說是可望不可及的。」女孩在演講中向觀眾如是傾訴，「明明有夢想，為甚麼我不能朝着夢想前進呢？」

每 6 人中有 1 人，這是厚生勞動省根據統計得出的達不到平均生活水平、處於貧困狀態的孩子的比例。女孩的母親不是正式員工，通過打零工來維持家用。本來，女孩所說的情況應該是誰都能夠理解的。然而，因為節目組偶然拍攝到了女孩房間內擺放的許多動漫周邊產品，以及一支價格不菲的用於畫插畫的筆，女孩的 Twitter 賬號被找到了。通過這個 Twitter 賬號，網友發現女孩吃了 1000 日元的午餐，去看了喜歡的電影。於是，女孩在網絡上變成了可怖言論的攻擊對象。

「你不是過着充滿文化氣息的生活麼？」

「一邊享受着電影和午餐一邊喊窮？需要幫助？別開玩笑了！」

「NHK 停止捏造！」

「說實話，不看稅單也不知道父母的收入是多少吧。這樣真的叫貧困麼？」

「反正局外人也不知道具體情況。你就騙人吧！」

一位國會議員發佈的 Twitter 使得事態進一步發酵。

「確實，你看起來過着簡樸的生活，但如果把吃午餐和看電影的錢節省下來，是不是就能買台電腦了呢？如果因為經濟上的原因沒有辦法進入理想的學校，別忘了還有獎學金制度。」

對於這段帶有揶揄意味的自言自語，有贊成和反對兩種意見。這件事甚至引發了反對貧困批判行為的街頭示威。在混亂之中，女孩關閉了 Twitter 賬號。

「絕對貧困」和「相對貧困」

僅為了維持生存已竭盡所能的極限生活狀態，我們稱之為「絕對貧困」，這可以說是只在亞洲、非洲等洲的發展中國家才能看到的現象。聯合國將其定義為收入低、營養不良、健康水平低、缺乏教育等「人」的基本需求無法得到滿足的極限生活狀態。

然而，即便有足夠的食物，有遮風避雨的住所，還是有人無法過上「人」的需求得到滿足的生活。這種情況被稱為「相對剝奪（Relative Deprivation）」，1960年代由英國社會學家彼得・湯森率先提出。彼得・湯森

提出了幾個指標，包括是否有冰箱、與他人是否保持着朋友關係、是否在教育上有所花費，甚至還包括是否在外吃飯、是否舉辦家庭聚會。那些抨擊女高中生的人看了這些指標可能又要大喊「別開玩笑了」。能舉辦家庭聚會說明這個人有朋友、有可以請朋友來的房子、有可以向朋友展示的聚會策劃方案和廚藝。如果一個國家的大多數國民不能指望享受這樣的生活，並且沒有向他們伸出援手的社會保障制度，那麼這樣的社會就算不上是富裕的。

第二次世界大戰後，經濟不斷發展的英國被認為是消除了貧困的國家。而湯森則被認為是帶領人們重新認識了貧困的人。

那麼，被言論攻擊的女孩到底是「貧困」，還是「只要節約一些就可以了」呢？有統計學上的方法可以辨別。

從家庭收入中扣除稅金和保險費等「非消費性支出」，所得收入是實際可以使用的「可支配收入」。將「可支配收入」除以家庭人數的平方根，得到的是「等價可支配收入」，這是能夠更貼近現實地反映各個家庭成員實際收入水平的數字。2012 年，日本「等價可支配收入」的中值（將各個家庭的「等價可支配收入」從低到高進行排列，取中間位置的值）理論上達到 244 萬日元。收入達不到這個數值的一半，也就是達不到 122 萬日元

的人數所佔全體人口的比例為「相對貧困人口比例」。
按照家庭成員人數來看，一人家庭年收入不滿 122 萬日
元，二人家庭年收入不滿 170 萬日元，三人家庭年收入
不滿 210 萬日元，四人家庭年收入不滿 245 萬日元的，
被稱為相對貧困。

　　2012 年厚生勞動省國民生活基礎調查指出，日本
相對貧困人口比例為 16.1%，是自 1985 年調查開始以
來的最高值，同時在經濟合作與發展組織（OECD）34
個加盟國中為第六高數值（2010 年）。

圖表 1-1　按家庭規模繪製的貧困線

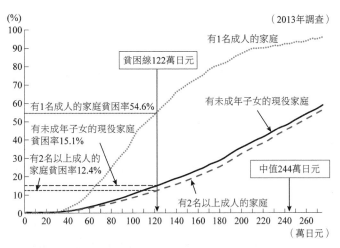

註：等價可支配收入為名義值；現役家庭為戶主年齡在 18 歲以上 65 歲以下的家
庭（譯者註）
出處：厚生勞動省《2013 年國民生活基礎調查概況》

當然，不知道明天會發生甚麼、與靠打零工維持家用的母親相依為命的女高中生，也是構成這個數值的其中一人。二人家庭年收入不滿 170 萬日元就屬於貧困線下，而達到這個數字對於獨自撫養孩子的單身母親來說是困難的。

人們之所以看不到孩子們面臨的貧困，不正是因為「某某國家還有露宿街頭的流浪兒童呢」這種錯誤的比較方法將眼前的貧困抹去了嗎？而在日本，最忙於抹殺貧困的，是那些在社交網站上匿名對貧困進行言論攻擊的人。

圖表 1-2　相對貧困率的逐年變化

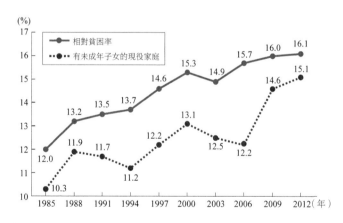

出處：厚生勞動省《2013 年國民生活基礎調查概況》

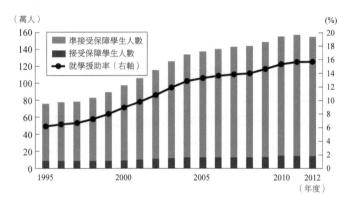

圖表 1-3　對小學生、初中生的入學援助情況

（萬人）　　　　　　　　　　　　　　　　　　　　　（%）

準接受保障學生人數
接受保障學生人數
就學援助率（右軸）

1995　　　　　2000　　　　　2005　　　　　2010　2012
（年度）

註：1.《學校教育法》第 19 條規定：「對由於經濟原因入學困難的適齡兒童或適齡學生的監護人，市町村應當給予必要的援助。」對《最低生活保障法》第 6 條第 2 款規定的保障對象、市町村教委認定的生活貧困程度與保障對象相近者（準接受保障者）給予入學援助。

　　2.這裡的就學援助率是指援助對象（接受保障學生人數和準接受保障學生人數總和）佔公立中小學學生總數的百分比。

出處：內閣府《2015 年兒童和青年白皮書（完整版）》

「貧困就該有貧困的樣子」的傲慢

　　因為貧困，所以不應該去看電影，不應該收集動漫周邊產品。有這種想法的人認為「絕對貧困」才需要被救助，並且無意識地抱有「窮人就該過苦日子」的懲罰態度。這種把窮人看作「劣等人」的傲慢態度，讓人聯想到 16 世紀以後在英國產生的窮人隔離思想以及強制將窮人收容到勞役場的行為。這裡我想簡單說明一下，在曾經的英國社會，「窮人就是罪惡」，窮人被比作「螞

蟻和蟋蟀」故事中好吃懶做的蟋蟀。即貧困是個人應該承擔的後果，應該用鞭子抽打懶惰的窮人，驅使窮人幹活，懲罰性地將他們強制送入收容所。貧困批判行為就是現代社會懲罰窮人的鞭子，不同的是看不到揮舞鞭子的人的臉，僅從這點來看，就比 16 世紀後的英國更為深刻。

先於「相對貧困」這個概念，《日本國憲法》第 25 條規定：「一切國民都享有維持最低限度的健康的、有文化的生活的權利。」儘管如此，與 2012 年最低生活保障批判事件相同的情形仍然再次上演。日本從來都沒有改變。

上述「神奈川兒童貧困對策會議」活動的主辦者，神奈川縣兒童家庭科科長小島厚在 BuzzFeed 的採訪中談道：「現在的孩子有智能手機，有衣服穿，溫飽上不存在問題。即便這樣仍然有不能去修學旅行，不能上大學，放棄未來的孩子。我們活動的目的就在於將這些難以被看到的貧困現象公之於眾。」

貧困批判行為有甚麼問題

女孩與母親相依為命的生活算不上「絕對貧困」，她們無需為衣食擔憂，但她們的生活經濟來源不充分，屬於「相對貧困」，一旦生病受傷、離職、工作單位破產，

便會立刻陷入窮困的境地。正因如此，我們更應該大力發現難以看到的「相對貧困」。

2012 年，以藝人母親接受最低生活保障為發端的最低生活保障批判事件中，我們沒有把社會保障和最低生活保障之所以重要的原因準確傳達給大眾，造成了極端言論的產生。例如，在 NPO 法人 hotplus 收到的大量關於扶貧意見的書信中，有一位 20 多歲的男性寄來的一封批評信。

「窮人因為不努力才會貧窮，我不贊成拿我們的稅金去救助他們。這是令人難以容忍的事。適者生存，在每個人都努力生存的社會上，窮人顯然不是『適者』。」

明明我這麼努力地工作、納稅，這筆錢卻要用在懶人身上，這是難以容忍的。這位男性大概是出於這種想法才那樣說吧。窮人的存在讓自己吃了虧，字裡行間流露出繳納了不必要的稅款的被害者情緒。然而，寫這封批評信的人自己也有可能遇到生病、失業、陷入貧困的情況。在這種時候能夠讓人們互相幫助的，正是社會保障等互助制度。

進一步說，即使責備貧困的人，該繳的稅並不會減少。「勞動生產率低的人就該過節衣縮食的日子」，如果這種說法得到普遍認同，貧困者就會被貼上「二等公民」的標籤。窮人不該看電影，窮人不該買畫筆……這些細

微歧視的盛行最終會導致欺凌、曠課、吸毒、賣淫、家庭暴力、放棄（無視）育兒等被社會排除的行為；為了防止群集的反社會者中出現犯罪者，社會將變成監控型社會，人的住所被按照等級強制分隔開來。正如喬治·奧威爾在《1984》中所描寫的那樣，恐怖的反烏托邦社會將在 21 世紀誕生麼？

在被割裂的社會裡，人群不再流動，沒有持續發展的可能性，沒有希望。誰都不想被稱為「二等公民」，因而生活稍有貧困也強忍着，身體不舒服也勉強自己工作，而且不得不接受低水平工資。

貧困批判最終將導致以上所說社會的形成。我希望所有人都能夠認識到言論攻擊對誰都沒有好處，並且在自己陷入貧困的時候能夠主動尋求社會制度的幫助。希望所有人都能不僅僅盯着眼前的利益，而是去想像無法估量的社會整體利益。

一位 20 多歲的男性在申請最低生活保障時，工作人員這樣安慰他：「請暫時接受最低生活保障，重整生活後再次出發吧。祝願你能早日開始工作。」聽了這番話，他流下淚來，說：「第一次有人對我說這麼溫暖的話。」

案例 1
「我也能高中畢業嗎？」—— 戴耳環金髮少年的迷茫

「這位男性是你的甚麼人呢？」

「……同伴。」

「同伴是指男朋友嗎？」

5 分鐘過去了，10 分鐘過去了，依然是一陣沉默。少年沒有生氣，臉上沒有任何表情。

「你們住在一起吧？你有生活費嗎？」

「我們分着吃一份便當。」

自我表達對少年來說是困難的。聽者如果不進行話語誘導，就沒法知道少年想表達的意思。即使得到了他的回覆，不通過想像，也沒法理解他所講的意思。雖然對不起這位少年，但不得不説，他的言行讓人聯想到 3 歲幼兒。有些少年少女無法用語言表達自己的想法，只能哭、扔東西，這其實也是向他人發出的求救信號。女孩常常會沉默不語，男孩則會把椅子踢飛。只要孩子到了 10 多歲，就足以釀成暴力事件。我們接到過為家庭暴力苦惱的父母以及孩子班主任的求助，為了保護孩子的家人，我們辦理了孩子的住院手續。hotplus 之所以會收到這樣的請求，是因為絕大多數這樣的家庭都有貧困的背景。

定時制高中不是為了在白天勤工儉學的學生設立

的，而是學習能力低下的孩子最後的收容所，這個安全網已經存在很久了。

在富裕的家庭裡，即便孩子學習跟不上，家長也可以聘請家庭教師，給孩子報私塾班補課，或者親自監督孩子學習。但如果一個家庭裡父母是非正式員工，抑或家長是拿不到撫養費的單身母親，孩子上學的選擇通常就只剩下公立的定時制高中以及較差的學校。首都圈內的學校有專門負責這類問題的社會工作者，他們有時會收到來自學生的求助。但如果孩子在地方學校上學，一旦遇到經濟或家庭上的困難，就很可能直接退學，甚至會出現退學學生人數比順利畢業學生人數更多的情況。

以下是在埼玉縣定時制高中上學的和田大（化名，17 歲）的案例。

和田大染一頭金髮，戴着耳環，一看就是正處於迷茫期的少年。這樣的孩子往往通過外表尋找同伴，組成小團體，就像一個微型社區，以此來學習為人處事的方法。但是和田不同，他不能夠理解他人的想法，自己的想法和主張卻是鮮明的，因此經常一言不合就對朋友和認識的人施以暴力。和田的班主任發現，這個孩子從小學至今，長期以來都以偷竊作為與人交流的方式，於是聯繫了 hotplus。面對這樣的學生，我們會向校方請求：「請不要將學生強行退學。學校的老師是學生最後

的後盾，請幫助他並隨時和我們聯繫。」於是，老師、學生、學生母親和社會工作者開始共同摸索幫助學生擺脫困境的辦法。

以和田為例，經醫療機構診斷，他患有發育障礙。這個類型的孩子可以通過在幼兒早期接受專門的治療和教育來學習如何與人相處。如果家長沒有儘早發現，孩子就錯失了早期治療的機會。和田的母親為了生活拚盡全力，除了平時上班做事務性工作，週末還有勞務派遣的工作，雖然也發覺孩子有些不正常，但實在沒有工夫認真對待。

回到空無一人的家裡時，有的孩子能夠理解母親不在家是在為自己打拚，而有的孩子則只會陷入寂寞，甚至離家出走。雖然對和田來說為時已晚，但幫助治療的精神科醫生、校內社會工作者和 hotplus 的工作人員從某種意義上來說填補了母親的缺席。和田的精神狀態漸漸平穩，4 個月過後，在一次談話中，他小聲自言自語道：「我也能高中畢業嗎？」

和田上的定時制高中需要讀滿 4 年才能畢業，如果有不合格的課程則需要更多時間。但他許下了願望，不管 4 年也好 5 年也好，都會堅持到高中畢業。這是因為他知道，閱讀、寫字、算術以及與人相處，是在社會上生存所需的最基本的能力。雖然不是每天都去學校，但他試着開始恢復上學了。

「對我來說甚麼都無所謂，就剩等死了。」

面對老師，他擺出強硬態度。這是一種可愛的試探行為，就像在母親面前撒嬌一樣，此時老師代替了母親的角色。像貓試探主人一樣，他在試探老師對他的容忍限度。

「為了增加您與孩子在家的相處時間，是否考慮一下減少您的工作量呢？」生活費上不夠的部分可以靠最低生活保障來補貼。但是，和田的母親不肯放下現在的工作，「現在辭職的話，以後就再也不能做事務性工作了」。失去工作的焦慮令她沒有辦法辭職。

最低生活保障是以現金或物資的形式，提供生活扶助、住房扶助、醫療扶助、教育扶助、護理扶助、喪葬扶助、職業扶助、生育扶助，從 8 個方面進行整合性扶助的「扶貧制度」（第 5 章進行詳細介紹）。也就是説，這是極其貧困的人才能得到救助的制度，對扶貧對象的要求很高，因此很難幫助人們重新開始生活。我想，如果只給跟不上進度的學生補貼上補習班的費用、手機等通信費用、買米的費用、房租等，將扶助形式分散開，最低生活保障制度將多麼靈活易用啊！又有多少在貧困中掙扎的人能夠得到拯救呢？

我原本希望最低生活保障制度能夠得到改善，卻得知以幫助最低生活保障接受者為工作的神奈川縣小原田市生活援助科的職員們，自掏腰包製作了印有「別小看

最低生活保障」字樣的夾克衫，並穿着這些夾克衫訪問最低生活保障接受者。

話題再回到和田身上。由於和田患有發育障礙，我建議他不僅應該讀完高中，學習閱讀、寫字、算術等技能，也需要在能夠發揮強硬性格之優勢的崗位上工作。在日本，即使是技術崗位也往往對禮儀和溝通能力有所要求，和田在找工作時首先會在這一環節碰壁。我希望和田能尋求職場適應援助者（job coach）的幫助，即使在技術崗位工作也能與他人進行基本的溝通交流。

案例 2
入職無新人培訓的知名房地產公司營業部，
筋疲力盡的 24 歲年輕人

2020 年東京奧運會臨近，房地產行業沸騰了。從名校畢業的應屆生若能進入房地產行業工作，可以説是前途無量了 —— 他們的父母輩都是這麼想的吧。

吉田聰司（化名，24 歲）從名校畢業後立刻被分配到某知名住宅開發商的銷售部門，成為正式員工。銷售部門共有約 1000 名職員，工作環境嚴酷，不僅沒有相互鼓勵的政策，業績排名差的人甚至會面臨被辭退的風險。公司的前輩接連不斷地辭職，與之相對應的是，

年輕的吉田所擔負的建築及裝修方面的銷售指標不斷提高。進入公司的第二年，由於長時間勞動，吉田生病倒下了。

「和上個月相比，這個月業績太差了。」

「你沒能力。快辭職吧！」

即使被上司嚴厲指責，吉田仍強忍着堅持在崗位上。突然有一天，他在床上起不來了。吉田的老家在埼玉縣，位於首都圈內，他本可以回老家。然而，他選擇了打電話給 hotplus，理由是拖欠了房租，存款見底，到了進退兩難的境地。而他不回老家的原因是「父母也指責他不該請假」。

「加油」，但即使被鼓勵也拿不出幹勁

吉田的父母已經 50 多歲，他們不清楚現在年輕人的情況，所以才會指責孩子：「好不容易進了那麼好的公司，為甚麼不再努力一把呢？」才會說出：「我們這代人可是為了接單一天跑 100 家客戶，跑到鞋底都磨平了。那個成就感啊！」這樣一來，孩子肯定不願回老家。因為即使對父母傾訴在黑心企業遭受的殘酷待遇，這些話語也不會被傾聽。

從人口爆發式增長的 20 世紀 60 年代中期起，「努力的人都過上了好生活」的時代僅持續了 30 年左右。

在日本，光靠丈夫的工資就能養活妻兒的經濟高度成長期，頂多持續到了 20 世紀 90 年代前期。那個時期的記憶和成功體驗，深深地刻入了父母輩的心靈和身體裡。現在看來，那明明是一個非常特殊的年代，但作為一個輝煌而又美麗的時期，似乎成了他們記憶中的「永恆」。

不能被父母理解是比貧困更痛苦的事。

做了這份工作後，我能看到過去政府採取了甚麼樣的政策造就了現在的日本，而現在的日本政府採取的政策將對未來 10 年產生甚麼樣的影響。父母輩之所以無法理解現在的時代，不僅僅因為他們總記得年輕時的美好。

首先，當時和現在的政府所採取的經濟政策完全不同。在經濟高度成長期，社會積累的財富被用於社會保障和社會投資。政府採取的經濟政策擴大了雇傭規模，提升了消費水平，促成了社會整體的良性循環。當時政府規模大，下有大量公務員，社會保障、醫療福祉預算充分，實施了老人免費看病、發放住房補貼等各類福利。然而在這樣的恩惠之下，日本人的壽命不斷延長，人口老齡化率不斷上升，社會福祉需要覆蓋的人群也不斷擴大。為了維持政府財政的穩定，英國的戴卓爾首相、美國的列根總統、日本的中曾根康弘首相，均採取了不再加強社會福祉的政策。

圖表 1-4 各年齡段「非自願非正式員工」調查情況

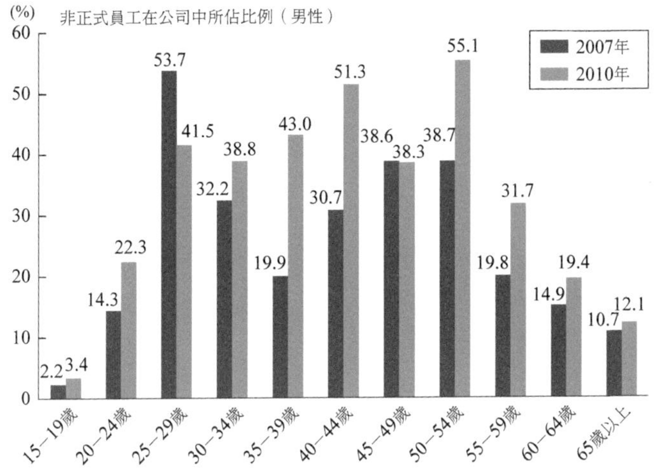

(%)　非正式員工在公司中所佔比例（男性）

出處：厚生勞動省大臣官房統計情報部《就業形勢的多樣化相關綜合實態調查》

　　可以說，在日本，通過拚命勞動實現大量產出的經濟高度成長期已經無法複製了。20 世紀 90 年代日本的少子老齡化阻礙了發展進程，企業紛紛出海，前首相小泉純一郎打出了「行政結構改革」的旗號，削減公務員人數，將郵政民營化。企業不斷擴大非正式員工人數以減少人工費用的支出。在這樣的眾多企業之中，吉田所在的公司就是減少正式員工的同時增加人均工作量的典型案例之一。

　　據國稅廳發佈的《民間工資實態統計調查》顯示，民間企業職工的年均收入在 1997 年達到峰值，為 467

萬日元。然而，2014 年度該數據為 415 萬日元，2015
年度為 420 萬日元。也就是説，政府謳歌着「一億總活
躍時代」，而實際市場規模是好不容易才買得起生活必
需品。年輕人應該已經買不起房和車了吧。「再過幾年
漲工資後就可以⋯⋯」如果年輕人不再這樣夢想，他們
又怎麼會消費呢？在我教書的幾所大學裡，學生不買教
科書，包括我上的課的教科書，而是在圖書館借。他們
已經沒有了購買生活必需品以外用品的習慣，這種情況
隨處可見。

社會保障制度不改變，社會就無法正常運作。儘管
如此，大人們卻在一邊小聲自言自語：「最近的年輕人
真是內向、無所欲求，連車都不買，沒有去外面的世界
冒險的勇氣。」（前首相麻生太郎）。

責備無法忍耐的自己

吉田不斷自責道：「我沒有忍住，也沒給公司作出
貢獻。我為自己沒有忍耐住深感抱歉。」

「不，你並沒有錯。公司裡的前輩們也都沒有在那
兒繼續工作，早點辭職對你來説是好事。」

我好不容易説服了他。吉田被「辭職後就活不下去
了」的恐懼所折磨，幫他反洗腦花了很大功夫。我建議
他接受最低生活保障，但他並不相信我。「我這麼年輕

圖表 1-5 希望結婚的男性和女性所期待的
政策排第 1 位的都是「安穩的工作機會」

	0	10	20	30	40	50	60	70 (%)

安穩的工作機會 — 51.3 / 60.5

改善工作環境，使夫妻雙方都能繼續工作 — 42.2 / 57.5

對已婚人士有利的稅收制度和社會保障制度 — 39.7 / 40.8

為結婚和住房提供貸款和補助 — 38.5 / 46.8

確保自由時間，包括糾正長時間工作的問題 — 34.6 / 41.2

提供約會、交往場所 — 33.7 / 28.8

結婚相關煩惱諮詢 — 15.6 / 20.2

開展鼓勵年輕人結婚的宣傳活動 — 12.5 / 12.1

■ 男性
■ 女性

出處：2015 年厚生勞動省白皮書

怎麼可能接受最低生活保障呢？真的可以嗎？即使接受了也很愧疚。」於是我陪同他去相關政府機關申請最低生活保障。那天，他對每個人不停地道歉。

甚麼都不懂的職員
——「您有可以依靠的家人麼？」

就這樣，我常常收到窮困潦倒的年輕人的求助，陪同他們去政府機關申請最低生活保障。NPO 法人全體每年會接到超過 5000 起求助。每次去申請最低生活保

障時，福祉事務所的職員總是異口同聲問道：

「您有可以依靠的家人麼？」

有可以依靠的家人的話，誰還來求助於我們呢？

伴隨着日本國家經濟發展減緩，日本的家庭規模也縮小了。與過去的大家族不一樣，家中的長輩不再養育年輕一代。家庭收入每年都在減少，家人間相互扶助的功能達到了史無前例的低水平。第 4 章「老人的貧困」中也會詳細講述，年輕人的父母和祖父母為了自己的生活已經竭盡全力。

攻擊貧困的人理所當然地把「你沒父母嗎？」「滾回老家」之類的話掛在嘴邊。我想，這是因為他們對家庭的概念還停留在前近代時期，即家庭具有父母養育孩子、孩子長大後贍養老去的父母這種相互扶助的功能。然而，對於一個 20 多歲的成年人，家庭應該給予多大程度上的照顧，這個問題難道不需要被重新審視嗎？

在其他國家，一旦成年，即便是有血緣關係的家庭成員之間，也不會像日本人這樣緊密地相互扶助。只有夫妻之間，以及父母對未成年子女才有撫養的義務。孩子長大後，依靠政府和社會體制來保障其生活。有房租補貼制度等，着眼於「使人在社會上更易生存」「整頓工作的環境，使其更為舒適」。

而在日本，雖然有面向年輕人的志願制度，如公共

職業安定所等，但制度的重心還是放在如何讓年輕人工作上。我們應該認識到，高昂的房租和教育費用以及大量的日常支出，僅這些負擔就足以剝奪年輕人自由的生活。

這樣的負擔不應該由社會承擔，而應該由本人及其父母承擔，這就是日本式的想法。即便是 30 歲的人因受不了貧困而犯了罪，依然有人譴責他：「父母都在幹甚麼啊？」責任就這樣被轉嫁給了他的父母。年輕人到最後都沒有辦法說出「救救我」這一句話的原因，可能就在於孩子的沒出息會轉變成他人對其父母的指指點點。吉田之所以不停地道歉，可能也是感到對父母有愧吧。

為甚麼不把 20 多歲的成年人從家庭中解放出來呢？並且，如果他們沒飯吃了，那不是父母的錯，而是讓人們重新審視社會保障制度的信號。

「公務員批判」使市民陷入困境

2016 年 11 月，受到知名廣告代理公司電通公司的新員工過勞自殺一案的影響，政府出台了新政策，對迫使員工長時間勞動的企業加強監督管理。同時，政府提出了擴招勞動基準監督官，即勞動基準監督署（以下簡稱「勞基署」）的專門職員的方針。

現在全國 321 所勞基署內共有 3241 位勞動基準監督官，作為勞動法的看守者。也就是說 1 萬名勞動者由 0.53 位監督官來監管。這個數字比德國（1.89 人）、英國（0.93 人）等歐洲發達國家小。雖然說要加強監督管理，但由於對公務員的過度縮減和整頓，人力逐漸不足。除了監督官以外，福祉事務所的案件工作者、兒童福祉司、保健師、教師等崗位也存在人手不足的問題。

抨擊公務員是「稅金小偷」的人，往往也是受公務員恩惠的那一類人。市民被政治家、媒體所鼓吹的「減防稅金濫用」之類的言辭所煽動，削減了自己本應享受到的公共服務。市民必須意識到，與自身生活息息相關的公務員勞動力的縮減，正在將自己逼入困境。

雖說並不是光增加公務員的人數就是好事，但希望民眾能意識到現在公務員的人數已經少於正常範圍。

首例打工者起訴違法雇傭案，
打工大學生被店長用菜刀要挾

2016 年 9 月，千葉縣地方法院審理了日本首例「黑心打工民事訴訟案」。

據報道，被告是知名飲食店「溫野菜日本涮涮鍋」的特許經營公司。曾是打工者的原告男性大學生每天連

續工作 12 小時以上，不僅持續 4 個月沒有休假，還被店長掐脖子、用菜刀砍傷手臂，嚴重影響了他的日常學習及生活。

該案件象徵着現代勞動環境的異常與惡劣。本人與此案也略有關聯，因此想對事件來龍去脈說明一二。

2014 年 4 月，當時在讀大學一年級的原告開始在前述店舖打工。最初的工作時間是一週 4 天、一天 5 小時左右；後來逐漸發展為需要做店舖關門後的打掃工作，從中午開始到半夜，工作約 12 小時。當時的女性店長威脅他「如果你不幹了我就懲戒解雇你，這樣你就找不到工作了」「店倒了我就申請 4000 萬日元的損害賠償金」，並以「接不到新客人的訂單」為由，讓打工學生自負費用 23 萬日元，還有掐他脖子、威嚇他等行為。精神和肉體上深受傷害的原告無法正常上學，第一學期的課程全部不合格。接到學生求助的聯盟立刻提出進行團體交涉的要求，隨後開展了口頭申辯，運營公司方代理人在法庭上主張：「原告是不請自來的，他只是按照自己的意志在行動。」

把基幹工作推給
非正式員工以提高利益的公司

無論對方是主動的還是被強制的，把關店後的工作

以及輪崗排班等基幹工作交給拿小時工資的打工者，這本身就存在問題。過度差使廉價的小時工以提高收益，如果對方要辭職則用「毫無責任心，要求賠償」等話語嚴加申斥，恐怕這種行為已是常態。對公司來說，有人辭職會使工作進展不順，招聘新人則需要耗費精力和成本。這已經超越權力騷擾，屬於強制性勞動，「懲戒解雇」等言語威脅甚至讓人懷疑店長的精神狀態是否正常。

按照常理，在締結勞動契約時，無論是打零工還是正式工作，工資和勞動時間的相關內容都應以書面形式對雙方進行告知，並需要徵得雙方的同意。但近年來，接連有許多學生向我們求助，他們被無視這些要求的公司強制勞動，想辭職又辭不了，沒法參加學校的考試，也沒法參加就職活動。

厚生勞動省在 2016 年 5 月公佈的《關於高中生打工的意識調查》中指出，在 1854 位被調查對象中，60% 的人沒有收到打工單位的勞動條件通知書，18% 的人不記得打工單位對勞動條件有哪怕口頭上的具體說明，另有 32.6% 的人因為工作條件而遭遇麻煩，回答中有許多是關於輪崗的，其中包括不給工資、深夜上班、假期加班等。這種情況應該也適用於大學生和專科學校學生。

據報道，威脅原告的店長也工作到很晚，沒有時間

休息。黑心企業的職員把非法長時間勞動強加給打工的學生，這是悲慘的現象、不合理的模式。

勞動力市場道德水平下降

坦白地講，大一時的第一份打工給我帶來了前所未有的快樂。至今還有新生向我訴說得到第一份打工機會的喜悅。這位新生入學後，在 5 月終於安頓下來，於是開始打工，切實感受到了自己在公司裡發揮的價值。相比於工作賺錢，他更沉浸在長大自立的喜悅感中。我也曾經深有體會，因此能夠感同身受。當時的我甚至對給予我職責的公司抱有感激之情。

然而，現在的打工不是社會實踐。某中型教育機構把打工的大學生作為各個班級的負責老師，看起來像是對他們委以重任，實際上只是降低了工資支出。那些打工學生努力工作着，說：「能夠得到認可我非常開心。」當他們意識到問題的時候已經想辭職也辭不掉了。打着「價值」的招牌，抓住年輕人想被認同的心理弱點，這是典型的黑心公司。

我希望打工的年輕人們感受到喜悅的同時能夠冷靜思考。注意向打工的公司要求拿出對勞動條件有所說明的書面文件，有不清楚的地方則要上網核查。可以向身邊的大人、專業的律師或者 NPO 等諮詢相關問題。現

代勞動力市場形勢危殆，手無寸鐵、隻身一人進入其中是危險的。

案例 3
「都是為了你好」，
因遭受價值剝削而無法上學的專科學校學生

專科學校夜大的學生花岡惠美（化名，19 歲）在學校學習西點製作技術的同時，在市區一家蛋糕店打工。她每天早上 6 點上班採購，又從開店站到下午 3 點銷售商品，隨後回到家中，晚上 6 點去學校上課。然而店長發現她很能幹後，出於「信賴」，把晚上 9 點店舖關門後的工作、輪崗排班的任務也都交給了她。花岡說：「店長交給了我重要的任務，讓我負起了責任，我不該辜負店長的信任。」

這樣持續了一段時間，花岡因為上課出席次數不夠即將拿不到課程學分，甚至可能無法畢業。於是她找到店長，和他商量，但店長的回覆令人震驚。

「難得交給你這麼重要的任務，你以為上學和打工哪個重要？想作為一個社會人生存下去，當然應該工作優先。我都是為了你好。」

搬出價值和責任感，管理極其嚴苛，時不時又用柔

和的言辭給予關懷，這是典型的「價值剝削」。這和向我尋求幫助的女性所說的，在家中實施暴力的丈夫的言行是一樣的。打工賺取學費和生活費的學生沒有還嘴和抗議的餘地。他們對未來充滿不安，沒有自己的家，因此對自己能夠被認可感到高興。有一些大人就看準了他們的弱點。

> ### 案例 4
> ### 不敢按時考勤的 25 歲廚師；
> ### 職場是沒有牢門的監獄

有時候我們不能一個勁地指責在黑心公司打工的人，特別是人手不足已經成為常態的飲食行業。

埼玉縣的廚師神田徹（化名，25 歲）自高中畢業以來，一直在 JR 大宮站附近的飲食連鎖店工作。按照輪班要求，他在和食店、中華料理店、居酒屋三家店之間來回工作。即使沒被排到班，他仍會主動上班把空閒時間填滿。明明有考勤卡，他卻說：「不知道為甚麼就是不敢考勤。」2014 年某天早上，他突然起不來床了，曠了班。長時間勞動和壓力的累積導致他身心俱疲。

「我已經不能上班了。想辭職，只能辭職了，我已經不行了。」這樣的念頭反覆出現。

大多數人打電話來求助時已經決定辭職或是想要辭職。深思熟慮到這一步後，他們更多的是感到強烈的不安：「只能辭職了，但是辭職以後怎麼辦呢？」因此我們的工作都是從「對辭職方法的建議」「辭職後的未來」等話題開始，對求助者進行反洗腦。

「辭職以後就成了社會的渣滓。」

「辭職以後就沒法生存了（流浪街頭）。」

「辭職以後就成了公司裡的失敗者。」

「辭職以後（一輩子）成了喪家犬。」

……

讓職員被威嚇着在惡劣條件下工作的行為，和把人關在密室裡進行洗腦的邪教行為，我覺得沒有任何區別。再説回明明有考勤卡卻不敢考勤的情況，這和牢門大開但無法從監獄出去的囚犯心理難道有任何不同嗎？

價值神話在機器的齒輪之下是行不通的

我想對那些主張「只要有夢想，沒有加班費也有幹勁」「工作頭三年就得往死裡拚」的大人們説兩句。

確實，只要有「成為一名西點師並開一家自己的店」這樣的夢想，有的人會努力工作到半夜。然而，拚死努力也不一定會得到回報的社會正在到來。

能夠思考蛋糕設計，朝着成為西點師的目標前進的「特殊階級」只是極少一部分人。大多數勞動者每天在工廠待 8 小時，看着傳送帶將蛋糕連續不斷地運送過來，確認蛋糕坯沒有問題後隨意放上草莓，一個運走了又運來另一個。這是誰都可以完成的機械性操作，因此是由低工資的非正式員工輪流完成的。

不要求技術熟練度的單純勞動，對個人的成長和技術提升以及將來安定的生活有甚麼幫助呢？日復一日做這樣的工作，無論努力多長時間，工資依然是最低水平。做這樣一份工作，應該如何展望未來呢？又該如何擺脫低水平工資呢？「只要每一天都努力生活，光明的未來就在眼前」，這樣的漂亮話對這些勞動者來說也有效嗎？我甚為懷疑。

體力勞動對技術沒有過高要求，從事體力勞動的非正式員工往往輕易地離職。他們看不到未來，生活並不安定。由於做的是可以被任何人代替的工作，他們對這份工作沒有生發出任何喜愛和歸屬意識。並且由於顧客至上主義的氾濫，工作者常被迫接待怪物似的消費者。被六七位乘客包圍的 26 歲乘務員，徑直從離地 7 米的高架上跳下。對於身受重傷的乘務員，最終好歹還是有一些支持的聲音。但是為了讓「顧客大人」滿意，難道需要這樣拚上性命嗎？

總之，即使努力也得不到回報、對提升自身能力沒

有幫助的工作是實際存在的。

　　拙作《貧困一代：被社會囚禁的年輕人》（講談社，2016 年）也指出，某知名企業管理者說過：「想要獲得真正的成功，產出偉大的成果，首先要沉迷於自己的工作。」恐怕這位管理者也是沉迷於工作，為經濟高度成長期作出貢獻的一員。但是，20 世紀 60 年代的企業也像現在的企業一樣要求員工拚命嗎？那時的公司吸引年輕人入職後，為了讓他們安頓下來，建立了一整套員工教育培訓制度。不是「威嚇」，而是重視年輕人，保障福利待遇，對員工的成家立業給予幫助。事實上，除了員工教育培訓制度，那時很多企業還提供公司住宅，支付家屬補貼。

　　使人沉迷的工作，不僅僅能提供充裕的生活費，還能提供讓人感覺受重視、能體會到工作價值的職場環境，並且應該能夠讓人發揮個性。這樣的工作能培養出人的自尊心和社會認同意識，使工作者逐漸產生作為一名社會人的自豪感。

　　然而這樣的工作，在現今的勞動力市場上還剩多少呢？每一位勞動者都在貶值，就像做搶椅子的遊戲一樣，以黑心企業和被人們所指責的社會為中心，管理層向勞動者索要過分的努力。中途受挫的人不斷離開。為了避免讓勞動者意識到這個殘酷的搶椅子遊戲，管理層會在新員工入職時講一些關於「夢想」的話，因此年輕

人離職和換工作的時候會產生強烈的挫敗感：

「我是沒用的人。」

只能說年輕人被洗腦得很徹底。

建議 1
增設租房補貼等政策以減輕生活負擔！

「年金必須付嗎？」

「繳付國民年金保險的負擔太重了，繳完後生活費都不夠用。」國民年金保險費用伴隨物價年年持續上漲，2004 年度達到 13000 日元，2015 年度達到 15590 日元，2016 年度變成了 16260 日元。

在勞動者中有四分之一的人為非正式員工的現狀下，許多夫妻雙方打工、孩子處於成長旺盛期的家庭向我求助。非正式員工比正式員工收入低，而且一般情況下沒有獎金。公司不向他們提供福利待遇和各種補貼，因此每月的保險費對他們來說是很大的負擔。

據日本年金機構估算，即使連續 40 年支付國民年金保險費，每個月能支取的最高金額也不超過 65000 日元。在首都圈內，這筆錢連公寓的房租都付不了。這樣看來，國民年金是按照讓人無法生存的標

準來設計的。

另一方面，首都圈的最低生活保障基準為單身人士住房補貼 53000 日元左右（住房補貼上限），生活補貼 80000 日元左右。據政府概算，每個月最低生活費用共計約 130000 日元。

許多人知道最低生活保障基準比國民年金的領取金額更高。如果加上各種稅收的免除，再加上醫療、護理等服務的物品援助，最低生活保障有時會高出國民年金平均領取金額。

因此，單純按照以上方法考慮的話，連續支付 40 年國民年金不如轉向申請最低生活保障。或者支付能夠負擔得起的國民年金保險費，拿到年金後，不滿最低生活費的部分依靠申請最低生活保障來獲得，這樣能減輕許多負擔。「我辛苦工作繳的國民年金保險費，都給了那些無所事事的最低生活保障受助者，無法原諒。」在這個時代，此類不滿的聲音如此之多也是可以理解的。

為甚麼國民年金支付基準如此之低呢？年金是屬於社會保險，是非貧困人群出於想要預防貧困的目的而支付保險費用的貧困預防制度。

與之不同的是，最低生活保障制度面向的是貧困人群。後者領取金額更高是因為「國民年金」與「最低生活保障制度」二者本質上的不同。沒有辦法在不

考慮二者本質的情況下，只對金額高低進行比較，說哪個高了哪個低了。更不用說那些因為最低生活保障基準比國民年金金額更高，所以應該降低最低生活保障標準的論調。這種說法完全沒有考慮到救濟措施的本質，因此也是不可行的。

即便現在交不起國民年金保險費，只要將來有交得起的可能，我當然希望那樣的人能夠充分使用減免及緩繳、補繳措施來繳納國民年金保險費。然而，現在20多歲、30多歲的非正式員工將來也有可能一直是非正式員工。如果真是如此，國民年金保險費不再成為一筆重擔的日子是不會到來的。

如果支付國民年金保險費已經是一種痛苦，那就更談不上預防貧困了。當然，也可以申請國民年金支付免除，把這筆錢用於維持生活、子女教育、結婚等，從而過上「人」的需求能夠得到滿足的生活。

國民年金保險費自2017年度以來不再上漲。雖然對於參保人來說需要支付的錢沒有那麼多了，但這也意味着領取的金額變少了。試想30年以後，參保人能領取的金額比現在還要少得多。

現在的最低生活保障受助者大多是老年人，他們佔了所有受助者的一半左右。這是日本政府無法提高年金的支付水平、無法導入最低年金保障的結果，體現了日本政府的失敗。

如果日本政府對政策的失敗沒有作為，那些放棄支付年金的人年老後將毫不猶豫地申請最低生活保障。因此，我們從現在開始就有必要了解最低生活保障制度的相關知識和信息。並且，我們有必要共同守護最低生活保障基準，不讓其跌落。

　　向 hotplus 求助的人讓我們了解到，年輕人都會遇到勞動問題，正式員工也是如此。我們根據求助者的不同情況，向他們說明工傷補償的相關信息。儘管如此，這也是以讓他們重新投入勞動為目的的制度，而讓年輕人休息並且恢復的制度是無力的。預防啃老族和蟄居族的對策，其目的也大多是為就職作準備和提供援助，說白了就是讓人工作時更努力。那些職業訓練的內容也缺乏感染力和實操性。比如說，護士資格是常見的職業訓練內容之一，本書第 3 章也會講到，很難說這是可以堅持一輩子的職業。最重要的是，關於租房補貼、減緩獎學金償還等減輕年輕人生活負擔的辦法，政府缺乏反思。當一個人不得不做應該優先交通費還是伙食費的選擇時，他是沒有時間慢慢尋找下一份工作的。再就業並不容易，職業訓練的內容沒有太大幫助，因此產業間的人才流動十分困難。為了找到下一份工作來到大城市的人們該住在哪裡呢？往往是在網絡咖啡廳裡幾乎一夜沒有合眼，第二天還要早起去公司面試。

如果是老年人需要護理，城市裡有醫療從業人員、日間上門服務、日間機構護理、短期陪住、緊急報警系統、上門護理、特別養老院、收費養老院等，先不說各個地方是否在有效施行，但這方面的社會資源是充分的。與之相比，面向年輕人的扶助資質的不完備是專家也想像不到的。有困難的時候能求助的機關極少，能使用的資質匱乏，年輕人不敢輕易地陷入困境。

最近終於出台了求職合租房政策。此類救濟政策的重要性已經無需多談，但更為重要的，難道不是保證最基本生活的資金和物資援助嗎？不論是對非正式員工還是其他勞動者，只要通過優化所得再分配，給予年輕人一定的資金、物資援助，他們就能開啟新的生活。租房補貼、教育費補貼等沒有物資補助的政

圖表 1-6　你認為日本的未來是光明的嗎？

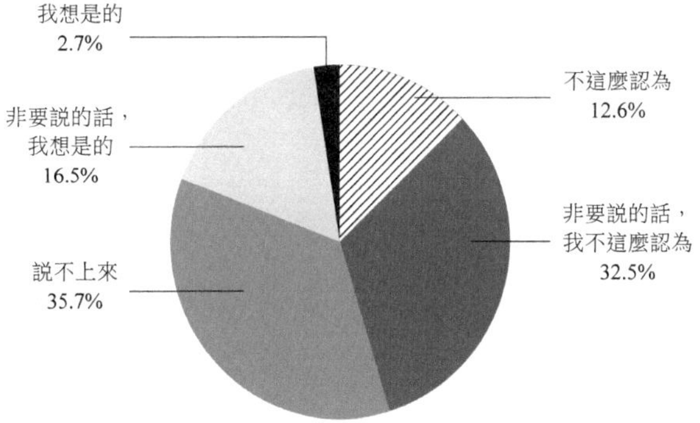

我想是的
2.7%

不這麼認為
12.6%

非要說的話，
我想是的
16.5%

非要說的話，
我不這麼認為
32.5%

說不上來
35.7%

出處：厚生勞動省《年輕人的意識相關調查》（2013 年 12 月）

策，即使政府制定了，也有可能不是年輕人真正想要的政策。如果沒有了年輕人，日本豐富的地方文化將失去維持和繼承之人。日本將在未來維持經濟現狀嗎？還是放緩經濟發展？抑或是經濟倒退？甚至變成發展落後的國家？對年輕一代的援助是關鍵。

第 2 章
中年人的貧困

本章介紹 35 歲到 50 歲的中年人的貧困危機。中年人是負擔家庭生計的主力軍，他們不僅要背負住房貸款、子女升學及照顧父母的重擔，同時還在公司擔任要職。儘管深受抑鬱、生活習慣病等造成的健康傷害，但正值職業黃金期的他們也很難離職而去。「中年的健康差距是日本的定時炸彈」這種說法也出現得越來越頻繁。

除此之外，第二個定時炸彈也將在這個年齡段爆炸。雇傭制度在日本經濟停滯的 20 年裡被徹底破壞，1000 萬本應處於職業黃金期的人在通過勞務派遣等非正式雇傭途徑工作。更有甚者，不勞動也不消費，成了只在家裡生活的「蟄居族」。雖然沒有確切數據，據說這樣的人甚至數以百萬計。「健康對不健康」「正式對非正式」「年邁父母對啃老族」，諸如此類的對立結構誕生，他們互相蠶食彼此的社會保障。如果仔細研究這些對立結構，你會發現中年人就處在其中心。

「健康警察」的清除異己行為：
需要人工透析治療是患者「自己造成的」

2016 年 9 月，自由職業播音員長谷川豐在自己的官方博客「正經話，真心話」上發佈了關於人工透析患者的新聞。他主張：「人工透析患者大多因暴飲暴食、不運動、無視醫生忠告最終患上糖尿病，其結果是需要

人工透析治療，平均每人每年的治療費用甚至達到 500 萬日元。這種患者自作自受造成的人工透析費用，應該全部由他們自己承擔！」

他把人工透析患者比作在夏天貪圖玩樂的「愚蠢的蟋蟀」，自甘墮落卻肆意搶奪拚命工作的螞蟻的倉儲（健康保險體系），使食物有限的螞蟻沒有辦法養育後代。因此，他主張「保險和年金體系的解體刻不容緩」。這個想法令人費解。

讓這篇文章得以擴散的大概是煽情的標題以及粗暴的行文，連轉載的新聞網站 BLOGOS 都受到了批判，最終以「包含不恰當的表述」為由刪除了該文並致歉。然而 9 月 23 日，由約 8 萬名腎臟病人成立的全國腎臟病協會，以「助長對腎透析患者的偏見和排斥」為由進行了抗議，眾議洶洶，要求長谷川先生撤回言論並道歉。

長谷川先生的回應是「不道歉」，結果他所負責的節目被下線。大阪電視台發佈聲明，稱將節目下線的理由是「新聞評論員發表了不當言論」。

當我再次讀長谷川先生的博客時，看到的是偏信及誤解、混淆、傳聞、從別人的博客複製黏貼的大雜繪，絕不是有水準的議論醫療和社會保險體系的文章。該文章片面地稱透析患者是「散漫的人」「自甘墮落」，並向世人振臂高呼「無法容忍用我們的錢給他們作治療」，自始至終都是單純的煽動。

健康差距是日本的定時炸彈

　　日本 NHK 電視台要製作名為《健康差距：向你悄然接近的危機》（2016 年 6 月 19 日播出）的緊急節目時，我與一些醫生和營養學教授作為嘉賓受邀參加。21世紀以來，「健康差距」的擴大受到研究者的關注。此前的研究所關注的主要是諸如「人在寒冷地區攝入更多鹽分更容易得高血壓」這種地區差異。近年，「非正式雇傭導致糖尿病並發症的概率比正式雇傭高 1.5 倍」「越是低學歷低收入的老年人，需要人護理的風險就越大」等研究結果逐漸明了。經濟能力造成了患病風險和壽命長短的差距。

　　節目提出，「健康的差距是日本的定時炸彈」，因為估算表明，只要消除健康差距，10 年內的醫療費用將可以減少 5 萬億日元。炸彈究竟會不會爆炸，哪裡是分界線呢？

　　節目採取了討論會的形式，同時在 Twitter 上向觀眾徵集了意見。接近一半的人認為「健康管理是個人的問題，應該自己負責」，也就是説，税金「應該用於真正有困難的人，救助那些自甘墮落地活着的人太浪費了」。這種觀點與前述長谷川先生在博客裡寫的但書──「我在新聞中也有提及，本欄目完全不是在謾罵因『先天性遺傳原因』而接受人工透析治療的患者。希望不要引起不必要的誤會」有共同之處。這是劃了一條分界線，「因

『先天性遺傳原因』而接受人工透析治療的患者」不是自作自受，所以是另一回事，而那些自作自受導致身體不健康的人則是可以放任不管的。事實上，這又是一種「差距」和「歧視」。

稍有不慎，意見就會分成「自己負責」派和「社會保障援助」派—— 自作自受得病的人，比先天生病的人「低一等」，同時又將產生對立的結構。這與貧困批判派、最低生活保障批判派一樣，很可能會成為將社會分割對立的契機。

恐怕長谷川先生是「確信犯」吧。他似乎是在明事理的情況下，故意發出「停止對自甘墮落的人給予援助」這樣的過激言論，為激化矛盾提供了上好的材料。雖然這確實只是引發贊成和反對兩種意見的導火索，但利用過度侵害他人權利的言語來引起社會注意的方法讓人無法接受。如果贊成派和反對派的對立就是結果，那麼在最關鍵的問題上人們將被混淆視線。

> **案例 1**
> **比起蔬菜優先選擇卡路里和飽腹感，**
> **38 歲得了糖尿病的快遞員**

「淨在外面吃便宜的東西了。早飯是咖啡和麵包，

中午吃牛肉蓋澆飯。睡飽要緊，所以我根本沒想過自己做飯。總之就吃了一大堆能填飽肚子的高卡路里食物。」

知名快遞公司的快遞員三宅正男（化名），每天反反覆覆地歎氣。三宅從早到晚幹着體力活，休息的日子光是一個勁地睡覺。還是單身的他，38歲就得了糖尿病。由於身體疲乏，沒有精力出門買食材和做飯。比起買新鮮的食物，他喜歡買便宜的能填飽肚子的食物。由於總是優先吃大量高卡路里的食物，終於發展為糖尿病。

肚子餓的時候如果手上有一個硬幣，你會選擇吃甚麼呢？同樣是500日元硬幣，有些人會選擇蔬菜、納豆；有些人則光買飯團、麵包等碳水化合物食品。在極限邊緣生活的人更容易不多加考慮地選擇能夠填飽肚子的碳水化合物。有人可能會想，正是因為在極限邊緣生活，不更應該巧妙地多攝取蔬菜、水果的營養以維持身體健康，儘量將生活更好地經營起來嗎？然而，被企業「一次性使用」的勞動者又怎麼能夠做到重視自己的身體呢？説起來，最容易填飽肚子的就是碳水化合物和油炸食品，而被公司毫無顧忌地「一次性使用」的他們選擇了這些食品。必須再次呼籲用人單位重視職員的身體健康，採用使「人」的需求得以滿足的工作模式。

貧困和生活習慣病是雙刃劍

厚生勞動省實施的「國民健康營養調查」，對調查對象按照家庭年收入 200 萬日元以下、200 萬日元以上 600 萬日元以下、600 萬日元以上進行分類，對生活習慣進行調查後得出來以下結果：

- 低收入家庭比高收入家庭攝入穀類（碳水化合物）更多，攝入蔬菜和肉類更少
- 收入越低的家庭肥胖率越高
- 收入越低的家庭越不常接受健康檢查
- 收入越低的家庭抽煙的概率越高
- 收入越低的家庭牙齒少於 20 顆的人更多

收入越低的人越不在飲食、健康上花費時間和金錢，身體處於營養不良的狀態。也就是說有這樣一個關聯性：收入低最終導致健康受到損害。

收入、飲食、運動量、工作種類、體質等，對健康產生影響的因素數不勝數。如果在這樣的基礎上產生了健康差距，恐怕不單單是個人責任的問題。

某 54 歲男性銷售工作者在公司擔任領導，家中有妻子和兩個孩子。他能夠順利完成定額工作任務，年收入 600 萬日元，有強烈的責任心，長時間工作對他來說是家常便飯。他深夜回到家會喝酒，肚子餓了就狼吞虎嚥地吃拉麵，這種習慣從 35 歲左右開始持續到了現在。

患有高血脂的他被警告應改掉不良的飲食習慣，否則隨時都有可能倒下。然而，做這樣的工作是為了賺錢養家，他無可奈何。這是自甘墮落嗎？

「幫助『真正』困難的人吧」是詭辯

當財源緊缺時，談到分配問題我們常常能聽到這樣的言論：「只幫助真正困難的人吧。」這句話乍一聽好像不錯，但是由誰來決定誰是「真正」困難的人呢？歸根結底還是說這句話的人想自己來決定。

在 hotplus 每年受理的 500 個諮詢案例中，為黑心企業工作的許多年輕人都苦於抑鬱等心理疾病，多數中老年人則患有腦梗塞、心肌梗塞等循環系統方面的疾病和生活習慣病。幾乎沒有人是不生病的，把病人分成「自作自受的人」和「非自作自受的人」的想法，不過是自以為是。我們需要的是在健康差距這顆定時炸彈爆炸之前，冷靜地討論採取何種政策才能維護國民健康，甚至減少或控制全國醫療費用總支出。

具體來說，對國民全體實施對策以提高健康水平是最為切實的方法。如果只對不注重健康的特定人群進行呼籲，那麼他們是否能夠保持自覺或提高相關素養就只能取決於運氣。即便製作精美的預防生活習慣病的宣傳手冊、開展宣傳活動，把宣傳手冊拿在手裡的也是本來

就關注健康的人，他們與不健康的人之間的差距會越來越大。

　　我在節目中也有介紹，在東京都內人均健康壽命最短的足立區，我們的職員去拜託飲食店員工，給顧客上菜時先上蔬菜。用餐時先吃蔬菜有助於抑制血糖上升，精通養生的人可能會說「先吃蔬菜不是常識嗎？」，但從小就沒有接觸過營養學的人是不知道這一點的，他們也會教給孩子錯誤的飲食方式。為了讓更多人積極參加 hotplus 組織的身體健康檢查，採用護士服也是有效方法。

　　老年人多的地方曾經嘗試過大量設置一次 100 日元的健康體操站點。當然，100 日元請不到體操教練，不夠的錢由政府出資補助。比起尋找「真正」困難的人這樣毫無意義的分類，不如以全體國民為對象實施對策，這不僅能夠應對健康差距問題，同時也將成為改變日本閉塞局勢的突破口。近年來各項舉措中最重要的一點是，故意不對政策對象進行篩選的「普遍主義」。

《蠟筆小新》中的理想家庭；
至今依然火熱的「中流」之夢

　　對於長谷川先生的言論，有大量評論認為他說得很

對。之後長谷川先生雖然向公眾致歉，但他表示遭受輿論抨擊時，支持自己走下來的是那些贊同的聲音。讓人在生病後瞪大眼睛尋找自身問題，這是清除異己的行為吧。這只不過是「不想把我繳的稅給別人用」的狹隘心胸，是披着義憤外衣的私憤。正是這樣的人在「支持」長谷川先生。

熱心於「義憤」的人不是窮兇極惡的壞人。他們認真工作、繳納稅金，是佔國民大部分的「中流層」。「沒有殘疾人就好了」「流浪漢死了該多好」，從我們開展活動初期開始，一直有人在說這樣的話。表面極其和善、普普通通的人焦慮地說着「把稅花在貧困戶身上是浪費」「自己繳的稅被別人拿走，真受不了」。這些還沒有淪落到社會底層的「中流層」隱隱感覺到了危險。這是一幅「中流層」警戒、憎恨着社會底層的圖景。

據 1958 年開始由內閣府（最初為總理府）開展的「關於國民生活的輿論調查」，認為自己的生活水平為「中上」「中」「中下」的人，即「中流層」，在 20 世紀 60 年代中期佔八成。整體分為「上」佔 0.2%，「中上」佔 3.4%，「中」佔 37.0%，「中下」佔 32.0%，「下」佔 17.0%。該調查的社會背景是，當時池田內閣提出所得翻倍計劃，日本正朝着社會富裕、薪水上漲的目標前進。20 世紀 70 年代，認為自己屬於中流的人達到了九成，新詞彙「一億總中流」誕生了。

人們常說，「中流」和「中產階級」在意思上似有不同。中產階級是大學教授、律師等知識分子群體形成的階級。日本人常常混淆「中流」和「中產階級」，內心深處充滿對中產階級的懷舊式憧憬。該輿論調查沒有指明對「中流」的定義，而是詢問調查對象自己是如何認為的。如果是真的憧憬，自然應該憧憬上層階級，但對中產階級特有的憧憬成了干擾因素，於是認為自己屬於「中流」的人不斷增加。新詞「一億總中流」出現的前一年，也就是 1969 年，動畫片《海螺小姐》開播。祖孫三代人一起住在寬敞的房子裡，養着一隻叫小玉的貓咪，有三個小孩子，有波平、鱒夫兩位主勞力，這是現在日本人心中的理想家庭。

20 年後，1992 年開播的動畫片《蠟筆小新》的主人公是「呼風喚雨」的 5 歲孩子，家庭劇中首次出現這樣的 3 人小家庭：父親是 35 歲商社股長，年收入約為 650 萬日元；母親偶爾外出兼職；全家在首都圈內有一套 5 室獨戶住宅，有家用轎車，每年去一次海外旅行。

當時這樣的家庭給人的感覺是「中流」「極其普通」。因此《蠟筆小新》引起了觀眾的共鳴，收穫了超高收視率，被謂為怪物節目。

可怕的是 20 世紀 90 年代泡沫經濟崩潰後，以及 2008 年金融危機後，認為自己是「中流」的人所佔國民比例，和經濟高度成長期相比幾乎未變。2013 年 6 月

開展的相同調查顯示，九成以上國民認為自己的生活水平為「中」。

圖表 2-1　生活水平

| 調查對象 | 上/中上 | 中 | 中下 | 下/不知道 |

（調查對象）
總數（6254人）　　上 1.2　中上 12.4　中 56.6　中下 24.1　下 4.6　不知道 1.1

〔性別〕
男性（2901人）　　1.1　12.9　54.3　26.3　4.7　0.7
女性（3353人）　　1.4　12.0　58.6　22.1　4.6　1.4

〔年齡〕
20－29歲（436人）　2.8　16.3　59.2　20.0　1.4　0.5
30－39歲（827人）　1.3　12.0　57.3　24.1　4.7　0.6
40－49歲（1128人）　0.4　13.7　57.9　23.0　4.2　0.8
50－59歲（1073人）　0.8　12.6　57.3　24.1　4.4　0.7
60－69歲（1429人）　1.1　11.6　55.1　25.5　5.5　1.0
70歲以上（1361人）　1.8　11.1　55.2　24.7　5.1　2.1

0　10　20　30　40　50　60　70　80　90　100
(%)

出處：2014 年度《關於國民生活的輿論調查》（「按社會普遍標準來說，您的生活水平如何？」）

動畫片《海螺小姐》成為科幻片的那天

我不是在批判不符合現實的內容。確實，每個人都希望在電視上看到讓人放鬆的動畫片，只是現在有多少日本人會說「我們家和《海螺小姐》裡的家庭一樣」呢？有不同看法的人聽了這話甚至會感到不快。因為海螺小姐和蠟筆小新的家庭在現在看來是根本不合常理的。

讓人在意的是，繼《蠟筆小新》之後，類似主題的電視動畫片再也不能讓人產生關於「庶民」和「中流層」的想像了。這可能是因為，稍微努力一下便觸手可及的理想家庭模型已經不復存在了吧。

厚生勞動省「2014 年國民生活基礎調查」顯示，2013 年收入 100 萬－400 萬的家庭佔全國家庭數的比例為：

- 100 萬－200 萬日元 —— 13.9%
- 200 萬－300 萬日元 —— 14.3%
- 300 萬－400 萬日元 —— 13.4%

中值（將收入從高到低排列後取中間數值）為 415 萬日元，平均收入（528.9 萬日元）以下的家庭佔 61.2%。平均每戶家庭收入達 528.9 萬日元，可以說是奇跡般地與蠟筆小新家持平，然而這也是高收入家庭將平均值拉高的結果。各位的家庭收入真的保持在 415 萬日元以上嗎？

恐怕，我們正活在根本不存在的「中流的幻想」裡。

> ## 案例 2
> ## 高學歷處於社會底層，
> ## 養家的 34 歲編輯律師夢碎

「這個國家甚麼都有，唯獨沒有希望。」

2000 年出版的村上龍先生的長篇小說《希望之國》中有這樣一句話。

Hotplus 接到的諮詢案例中，不僅有關於生活扶助方法的實務性內容，也有人打電話來只是為了向我們訴說「看不到希望」。

「我是一名合同制員工。我看不到工作和生活上的希望。能聽我說說話嗎？」

電話那頭用虛弱的聲音開始講話的是加藤弘先生（化名，34 歲）。

加藤在東京六所大學之一學習法律，學生時代以當律師為人生目標。然而，幾次司法考試落敗後，他最終被能運用法律知識的實務類書籍出版社錄用，作為編輯入職，已經做了 6 年合同制員工。

加藤的月均工資約 18 萬日元，年收入約 200 萬日元。他家中有妻子和 4 歲、2 歲的孩子。加上妻子打零

工的收入，家庭年收入約 300 萬日元。他們在東京都內租了一套二居室，房租 10 萬日元。

「剛開始工作的時候，我以為只要努力，總有一天能變成正式員工。過了 6 年，公司始終沒有這個意思，合同和待遇也沒有發生變化。20 多歲的時候，我以當律師為目標奮鬥過，但是後來為了生活，我自己放棄了。沒通過司法考試是我能力不夠，這我自己清楚。

「最近，一想到以後孩子的教育問題、我和妻子的健康問題、年老後的事情，胸口就像被石頭壓着似的，我感到深深的不安。如果不找到比現在待遇更好的工作，生活境況將好轉無望……只是我這個年齡還能再找到下一份工作嗎？能成為正式員工嗎？心裡只有不安……」

比起向人求助，加藤像是更希望有人能傾聽他的煩惱。我靜靜地聽完後，向他介紹了房租便宜的公營住宅，並解釋了找工作不僅可以去公共職業安定所，還可以諮詢自治體運營的以職業介紹、就職扶助為目的的技術人員短期職業介紹所，同時也向他介紹了職業訓練項目等。

如果簡歷上只有合同制工作的經歷，即便換了工作也往往只能是合同制員工。在雇傭形態固定、非正式員工超過四成的日本，非正式工作依然很難被看作工

作經歷。再加上 34 歲的年齡，足以讓加藤感到焦慮、痛苦。

1000 萬人 40 多歲仍是非正式員工

立志成為律師也好，沒有通過司法考試也好，這是任何人都可能經歷的人生片段。問題是，對於由於各種原因無法成為正式員工、沒有成為正式員工就開啟職業生涯的人，能夠在職業教育、職業選擇上幫助他們的機制少之又少。

在「美國夢」被認為已經破滅了的美國，「幫助戰敗者重整旗鼓」的機制比日本多得多。在日本，超過一定年齡後，低收入和不穩定的雇傭狀態就很難被改變了。1998 年就業冰河期，當時就業受挫、從事不穩定工作的年輕人，直到 40 多歲了仍被叫作「窮忙族」「啃老族」。到 40 多歲仍從事非正式工作的人，從年齡上看今後仍是非正式員工的可能性非常之高。他們年收入達不到 400 萬日元，隨着年齡上升，失去工作的可能性也越高。

「不夠努力」「沒這個能力就放棄吧」，譴責他們對未來沒有規劃是簡單的。但是，貧困一代的「小集團」在 20 年後將有可能變成需要最低生活保障的「大集團」。現在的我們難道不該對 20 年後的未來負責麼？

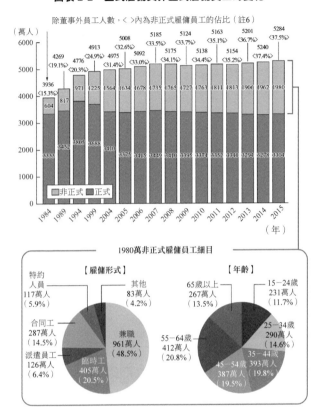

圖表 2-2　正式雇傭與非正式雇傭員工的變化

除董事外員工人數，< >內為非正式雇傭員工的佔比（註6）

1980萬非正式雇傭員工細目

【雇傭形式】

特約人員 117萬人（5.9%）
其他 83萬人（4.2%）
合同工 287萬人（14.5%）
派遣員工 126萬人（6.4%）
臨時工 405萬人（20.5%）
兼職 961萬人（48.5%）

【年齡】

65歲以上 267萬人（13.5%）
15－24歲 231萬人（11.7%）
25－34歲 290萬人（14.6%）
35－44歲 393萬人（19.8%）
45－54歲 387萬人（19.5%）
55－64歲 412萬人（20.8%）

資料：至 1999 年的信息參考總務省《勞動力調查（特別調查）》（2 月調查）長期變化表 9，2004 年後的信息參考總務省《勞動力調查（詳細統計）》（年均）長期變化表 10。

註：1. 2005 年至 2010 年的數據，是基於 2010 年國勢調查預測人口（新標準）—— 根據國勢調查確定人口推算 —— 統計的（百分比除外）。

2. 2011 年的數據為根據國勢調查標準補全受災三縣後的測算值。

3. 雇傭形式按照職稱進行分類。

4. 正式雇傭員工被稱為「正式職員或職工」。

5. 非正式雇傭員工包括「兼職工」「臨時工」「勞務派遣單位的派遣員工」「合同工」「特約人員」「其他」。

6. 百分比是佔正式雇傭員工和非正式雇傭員工總數的比例。

厚生勞動省「非正式雇傭的現狀和課題」（2015 年）公佈了以下最新數據（根據總務省的勞動力調查彙總的數據。也有其他調查顯示非正式率達到 40%）：

- 非正式雇傭員工約 1980 萬人
- 非正式率達 37.5%
- 非正式雇傭員工包括兼職員工 961 萬人、臨時工 405 萬人、合同工 287 萬人、派遣員工 126 萬人、特約人員 117 萬人、其他 83 萬人
- 25－54 歲的非正式雇傭員工約計 1070 萬人

1989 年非正式雇傭員工有 817 萬人，26 年後達到近 2000 萬人，且無轉正機會。「非出於個人意願」的情況下，依然從事非正式雇傭工作的人所佔比為：25－34 歲佔 26.5%，35－44 歲佔 17.9%，45－54 歲佔 16.9%。

向所有人悄然接近的貧困陰影

泡沫經濟崩潰後，企業依舊咬牙苦撐：保障福利待遇，培育訓練職員，即使有職員不能勝任現有的工作崗位，也會通過調崗繼續培養人才；按照年功序列上派工資，以幫助員工撫養子女、贍養老人。

到那時候為止，陷入貧困的人在某種程度上是有限的。典型代表是過度使用體力的建築工人等以長時間勞動為常態、容易使人身心俱疲的崗位。這些勞動者步入

中老年後，如果身體衰敗、失去收入來源，則求助於勞動者災害補償保險和最低生活保障。也就是說，當時只有從事一部分職業的人屬於貧困人群。然而，2008 年金融危機驟然改變了一切。

企業完全捨棄了咬牙堅持的家庭式經營模式，轉向成果主義。提拔能幹的員工，給予他們更豐厚的報酬，似乎是公平的舉措。然而，這種日本新型雇傭模式本質上不過是「增加便於使用的員工」。能成為「即時戰鬥力」的人賺得盆滿缽滿，不能成為即時戰鬥力的人則做着被派遣等非正式工作，成為調節雇傭的閥門。能掙錢的人掙到了大錢，但大多數人無論如何努力，按照雇傭合同都只能拿到 15 萬－17 萬日元月薪，且工作量與收入不成正比。即便是能賺到錢的人，也不可能一輩子不

圖表 2-3　無轉正機會的非正式員工（非出於個人意願）所佔比

	人數（萬人）	百分比（％）
全體	315	16.9
15－24 歲	28	12.8
25－34 歲	71	26.5
35－44 歲	67	17.9
45－54 歲	62	16.9
55－64 歲	64	16.6
65 歲以上	22	8.8

資料：總務省《勞動力調查（詳細統計）》（2015 年平均）表 II-16。
註：非出於個人意願非正式員工指回答處於非正式雇傭狀態的主要原因為「沒有正式職員或職工的工作」的人。百分比的分母為非正式雇傭員工中回答「處於非正式雇傭狀態的主要原因」的人。

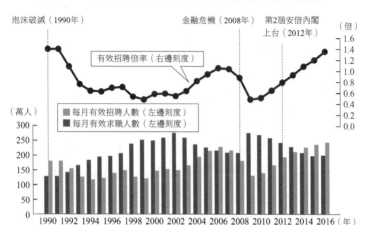

圖表 2-4　被時代浪潮沖刷的就業市場（有效招聘倍率的變化）

泡沫破滅（1990年）　　　　　金融危機（2008年）　第2屆安倍內閣
　　　　　　　　　　　　　　　　　　　　上台（2012年）　（倍）

有效招聘倍率（右邊刻度）

（萬人）
　　　每月有效招聘人數（左邊刻度）
　　　每月有效求職人數（左邊刻度）

※1990 年到 2015 年的數據為年平均數值，2016 年為 5 月份的數值（季節調整值）。
出處：厚生勞動省《一般職業介紹情況》，《每日新聞東京晚報》（2016 年 7 月 6 日）

斷地為企業提高收益，一旦業績下跌就會被企業捨棄。
因此，大多數人都不能一直留在某個公司，工作能力也
無法得到提升。這已成為常態，企業甚至逐漸缺失培養
新人的意識。

　　即便順利找到工作、結婚成家、建好房子，由於公
司合併、業績下滑等原因，再也無法升職加薪的案例也
日漸增加。

　　在日本，逃離如即將沉沒的大船一般的企業並不是
良策。與歐美相比，日本在失業補助和職業訓練制度等
方面的不完善，導致再就業十分困難。實際上，換工作

後降職的案例在日本層出不窮。流程化的工作無法培養人真正的職業本領，若不是掌握獨有的職業技能，換工作後就會被降職。本來是為了擺脫原來的狀態而選擇換工作，但換工作後若收入下降，反而會陷入惡性循環。

因此，儘管收入逐漸減少，人們也只能抱緊現有的工作不敢跳槽，陷入閉塞的環境之中。

大叔在高速公路下過夜

我從 2002 年開始參與流浪漢援助活動，那年的有效招聘倍率跌到了谷底。當時，大學的前輩們正面臨就業冰河期，即就業市場最慘淡的時候，面試了好幾家公司都被告知「我們不需要你」。學生肯定沒有職業技能，於是公司就挑性格上的毛病，「你的性格不適合我們公司」。所謂求職就是自尊心受到傷害、自信心喪失殆盡的試煉。正想着就是這麼回事的時候，我邂逅了一位博學的、社會經驗豐富的大叔。

當時我大學二年級，一天早晨，在騎着自行車去打工的路上，撞倒了一位 50 多歲的男性。我道歉後徑直趕去了打工的地方，下班返回時發現那位大叔仍在原地。糟了，我把人撞傷了嗎？我驚訝地上前道歉道：「對不起，我把您撞倒了。您沒事吧？從早上開始您一直活動不了嗎？」然而大叔說道：「不，我住在這附近。」説

着穿上運動衫，在外環機動車道下搭起帳篷住了一夜。

當時我對流浪漢並不感興趣，只是聽說過有這樣一群人。在與大叔的交談中，我得知他畢業於有名的經濟大學，曾是某知名銀行的職員，被裁員後淪落到了當時的境地。

「人生真是充滿變數啊。」

大叔和我的父親年齡相仿，我為此對他產生了同情。講到家庭的時候，我得知大叔與妻子離異，有個和我一般大的兒子。在那之後，我開始了平時上學，週末打工，打工回來後去大叔那兒聊天的日子。山一證券破產的原因、經濟停滯不前的原因，我聽大叔講了許多關於這些問題的獨到見解。

「那個時候太忙了，搞壞了身體，得了抑鬱症，酗酒逃避現實，確實是我不對。沒有忍下來是我的錯，但是人生就是這樣啊。還是失敗了也能重新振作起來的社會好啊。我把退職金都給了妻子，以為自己馬上就能找到下一份工作，誰知道過了 50 歲就找不到工作了啊。」

原來是這樣，因為找不到工作才成了流浪漢啊。我受到了衝擊。半年後，大叔消失了，我再也沒有聯繫到他。

資本主義社會通過不斷累積財富，獲得經濟發展得以殘存。在需要進行世界範圍內的競爭的經濟全球化背景下，勞動者成了犧牲品。我認為，在發展經濟的同時，應該以完善社會保障為目標，同時運作好經濟發展

和社會保障的雙引擎。恐怕，被認為是成功者的銀行工作人員、公務員、上市企業員工也難逃厄運。即使是有高收入、高社會地位的人，也會因為護理、離婚、疾病等各種因素，以及伴隨這些因素的離職，輕易陷入貧困。

這個時候，不僅僅着眼於擴大資本，而是加強教育和職業培訓，整頓並提供讓人感到安心的、「人」的需求能夠得到滿足的社會環境，並在此基礎上專注於研究技術革新，這樣的提案如何？有一份維持生計的工作是人的權利，不僅是義務教育，接受職業訓練等也是人的權利。如果這些國民權利得不到保障，國家的科學技術水平就難以得到發展，經濟界翹首以盼的科技革命也難以到來吧。對個人來說，有維持生計的工作和沒有維持生計的工作，人生面臨的選擇將完全不同。

若不對教育作出這樣的投資，從我們這代開始，日本將不再有諾貝爾獎獲獎者了吧。勞動者的專業技術的缺失將導致生產力的下降，經濟發展不也將越發緩慢嗎？

案例 3
為贍養老人離職，住在地板殘破的獨戶住宅裡的 80 多歲母親和 50 多歲兒子雙雙倒下

即使這樣，社會價值觀依然未變。貧困被認為是

懶惰者才會遇到的問題，只要洗心革面、認真工作就能「治好窮病」。有做不到的事礙於臉面不好意思和他人商量。沒有積蓄是自己不對，和家人關係不好是自己不對。癌症末期靠止疼片鎮痛，堅持工作。沒有收入看病導致病情惡化。明明有免費看診的醫院，卻因未申請最低生活保障而為時已晚。

特別是在現代社會，人們越來越長壽，為贍養老人而離職導致陷入貧困的案例是高發的。

下面向各位介紹居住在埼玉縣上尾市的 55 歲男性本山誠（化名）的案例。

接到求助電話後，我上門來到了本山在市區的家中。本山的家是獨戶住宅，外表看起來非常氣派，進門後，卻發現地板有破損，廚房骯髒無人清理。在堆滿垃圾的四居室套房裡，一位 80 多歲的女性靜靜地躺着。由於患有認知症，她聽不懂別人講話，幾乎臥床不起。

照顧她的是她的獨生子本山，單身。8 年前，本山是一名地方公務員，為了照顧母親而辭職後，靠母親約 4 萬日元的國民年金和打工賺取的費用勉強度日。不料母親病情加重，無法獨處，本山便辭去了便利店的打工。沒有和任何人商量，本山一點點地消耗着退職金，手頭只剩不到 1000 日元的時候，他終於打了電話向我們求助。

「對不起。我連自己的生活都無法自理了。用完這800日元後一切都結束了。我沒有工作，好痛苦啊，說實話連想死的心都有了。」

髒亂的屋子裡，本山縮在角落。

本山說：「我媽不會願意接受護理救助的。」因此他沒有申請護理保險。並且，他一心以為有房子就不能申請最低生活保障，同時由於他曾是公務員，礙於面子沒有和任何人商量。我們緊急申請了護理保險和最低生活保障。兩項申請都被通過，立刻就有人被派來幫助本山。

因贍養老人離職後無法工作，這就意味着提前開始使用報酬比例部分的年金。申請護理保險，發揮它應有的作用並繼續工作，才是讓兩代人都能安枕無憂的計策。「辭職了自己總有辦法的吧」，請放棄這種想法，靈活使用護理保險制度。

從本山的案例來看，「護理應該是家裡人做的事，不能交給別人來做」，他有這種強烈的意識。護理保險制度和最低生活保障制度都是申請主義，也就是說不願給他人添麻煩的人是很難伸手求助的。我只能認為讓人產生這樣的「顧慮」是一種「策略」，以便減少向這些制度求助的人的數量。你申請的話就來幫助你，這種制度構造，對不知道如何申請的人來說本身就是不友善的。

案例 4
20 年「蟄居族」，
50 多歲男子在其母親遺體旁向我們求助

　　如果説日本的「定時炸彈」之一是即將迎來古稀之年的團塊世代對健康的不安，那麼第二顆炸彈，應該是對隱藏在社會角落的「蟄居族」的置之不理吧。

　　雖然「蟄居族」不出家門，不與人交際，晝夜生活顛倒，使我們無法獲取他們的確切資料，但根據推進「蟄居族」自立生活的援助組織 NPO 法人 Teranet-EN 統計，導致「蟄居族」的主要原因有很多，其中包括欺凌、疾病、求職失敗等。其中，「不適應職場」的人佔半數。説到「蟄居族」，很多人腦海中浮現的形象是「在房間裡昏天黑地地打遊戲的年輕人」，但實際上他們更多的是想要工作卻遇到了各種困難的人。而且，「蟄居族」中的多數人是「團塊二代」，即 35 歲至 45 歲的人。

　　在日本，不就業就很難有機會認識不同出身、不同年齡段的人，並與他們共同切磋進步。類似於歐美的「沙龍」「教會」中的人際關係，日本有過的「町內會」「青年團」等組織都瓦解了。雇傭形態崩潰後，首當其衝的是「迷失的一代」，他們自然錯失了學習為人處事之道的機會。他們的父母已過花甲，靠啃父母的年金生活的人

和逐漸增加的低收入勞動者並行，這種狀態仍在持續。這些人外出的契機只能是父母去世。接下來要介紹的這位男性的案例，或許可以給今後的改革指明方向。

「今早母親去世了，我不知道該怎麼辦才好⋯⋯」

某日下午，我接到了一個求助電話。電話另一頭的求助者是住在埼玉縣的鹽田功先生（化名，53 歲）。據他所說，早上起來後發現 87 歲的母親去世了。

「請問令堂的遺體在哪裡呢？」

「在我旁邊⋯⋯」

「請問您有錢嗎？」

「嗯。母親有一些積蓄⋯⋯」

「好的。首先請報警，然後打電話給殯葬從業者，按要求辦完手續後，目送令堂離開吧。」

「啊，是啊。」

對話進行到此時，鹽田彷彿終於回到了現實。概括一下鹽田說的話，情況大概如下。

去世的母親曾是一名教師，離婚後一直與兒子鹽田生活在一起。曾一度擔任過學校校長的她教學經驗豐富、雷厲風行，退休後當過特聘教師，特聘期結束後過上了養老生活，是一位非常可靠的母親。由於是在公立學校工作，每月有約 23 萬日元的共濟年金。一方面，鹽田在年輕時上班，30 多歲時因生病辭職回了老家 —— 在縣內的公營住宅。

母親身上出現認知症的症狀後，鹽田拚命支撐起了這個家，而母親的年金則支撐着除打短工的收入外沒有固定收入的鹽田。正如字面上的意思，兩人相依為命地生活。

鹽田選擇了不需要承擔棺木費用和火葬費的「直葬」。這是經濟負擔最小的葬禮。鹽田已經不得不靠自己活下去了。

「沒有母親的年金意味着我要死了嗎？」

鹽田的住房是以母親的名義租用的公營住宅。為了應急，我先陪鹽田辦完了能借名義租房的手續，以及最低生活保障申請手續。

「為甚麼這把年紀了還沒存款呢？」才 20 歲出頭的福祉科職員刨根問底地反覆詢問。鹽田沒有工作，差點失去了住所，只能給予救助。

如果鹽田沒有打電話向我們求助會怎麼樣呢？他可能會隱瞞母親的死亡繼續領年金。這可能會成為日本國內頻發的欺詐事件之一。雖稱之為欺詐，但很少聽説有人拿着年金揮霍遊玩。被捕的中老年人總是回答「用作生活費了」「我知道這樣做不對，但是為了活下去實在沒辦法了」。

日本的年金機構靈活使用居民基本台賬網絡，可以對年金領取人進行生存確認。那些年齡過百的長壽老人真的還活着嗎？只是，聽説現在只要把遺體放在家中，

不上交死亡確認書，即便是核對身份證，也無法進行生存確認。

300 萬？日本「蟄居族」人數眾多的原因

內閣府對「蟄居族」作了以下定義：「狹義」上來說，「會從自己房間裡出來，但不出家門」的人；「準蟄居族」是指「平時待在家中，只在做與自己興趣相關的事時出門」的人。並測算出廣義上的「蟄居族」有 69.6 萬人。[《年輕人意識相關調查（「蟄居族」相關實態調查）》，2010 年]

該調查的前提為「『蟄居族』＝年輕人」，因此像鹽田那樣年齡在 40 歲以上的人並沒有在調查對象範圍內。據「KHJ 全國『蟄居族』家庭聯合會」推測，如果將能夠偶爾外出的人也算在內，囊括全國各個年齡段的人，總共有 300 萬人是「蟄居族」。實際上的人數就像黑箱一樣難以得知。

英語中的 MANGA（漫畫）等單詞直接來源於日語，HIKIKOMORI（蟄居族）也是其中之一。表示外出困難者的 shut-in 與「HIKIKOMORI」的區別在於，後者反映的問題可能與羞怯性格無關，而是源於 20 世紀 90 年代後日本雇傭制度的崩潰，以及不容許越界的集團主義社會習慣。專家指出，導致一個人閉門不出的

壓力，不僅僅是在文化和社會現象的相互影響之下產生的，不僅僅來自家庭外部。在家庭內部，望子成龍的父母以各種形式施加的壓力也是導致他們的孩子閉門不出的主要原因之一。

鹽田的母親曾是校長，由於她本人已經去世，我們無從知曉她努力的身影是否給鹽田造成了壓力。厚生勞動省從 2013 年度開始培養上門援助「蟄居族」、幫助其走出家門的援助者。然而，恐怕沒有母親會對外人傾訴：「兒子是『蟄居族』，我們很煩惱。」

第 1 章也講到與父母輩意識上的出入、「不好是因為你自己」等言論。這個社會，不僅不救人，反而會把人逼到無路可逃。這種沉默的社會壓力靜靜地將各種各樣的問題強加給家庭。

長期在家內閉門不出，會導致身體機能下降、精神力量虛弱，因而「蟄居族」比普通人需要更早接受護理。這一點在本章開頭所介紹的以健康差距為主題的節目也有指出。「蟄居族」問題最終與「日本的定時炸彈」——健康差距是同一個問題。2020 年後，所有團塊世代成為 75 歲以上的老人，「勞動過度」和「不勞動」這兩個點火裝置將幾乎同時點燃定時炸彈。

我不由得祝願失去母親、接受最低生活保障同時在尋找工作的鹽田，希望他儘可能平安度過一生。

圖表 2-5　對「蟄居族」的定義及測算人數

	有效回收數所佔比（%）	全國測算人數（萬人）	
平時在家，偶爾去附近的便利店等	0.40	15.3	狹義上的「蟄居族」23.6 萬人（註 4）
會從自己的房間出來，但不出家門	0.09	3.5	
幾乎不出自己的房間	0.12	4.7	
平時待在家中，只在做與自己興趣相關的事時出門門	1.19	「準蟄居族」46.0 萬人	
總計	1.79	廣義上的「蟄居族」69.6 萬人	

註：1. 以 15－39 歲的 5000 人為調查對象，有效回收 3287 人的回答（65.7%）。

2. 本調查只統計符合表中對「蟄居族」的定義並維持狀態超過 6 個月者。「導致現在的狀態的原因」為患精神分裂症或其他身體上疾病者、在家辦公者，「平時經常在家做的事」為「家務、育兒」者除外。

3. 全國測算人數由有效回收數所佔比例乘以總務省《人口推算》（2009 年）中 15－39 歲人口（3880 萬）得出。

4. 狹義上的「蟄居族」23.6 萬人，與厚生勞動省《對「蟄居族」的評價和援助相關指導準則》中測算的 25.5 萬基本一致。

出處：內閣府《年輕人意識相關調查（「蟄居族」相關實態調查）》（2010 年）

建議 2
援助從尋找生活窮困者開始

在日本，「蟄居族」人數眾多的重要原因之一，是年過 20 歲的成年人依然和父母同住在一個屋簷下。子女與父母住在一起，本是為了贍養父母，然而

隨着日本人越來越長壽，子女成年時，也正是父母年富力強之時。父母在持續撫養子女的過程中老去，幾乎沒有工作經驗的子女不得不背負起贍養父母的責任，生活難以為繼。

在歐美，父母撫養子女到他們年滿 18 歲或者說成年為止。父母從小培養孩子的自立能力，孩子滿 18 歲後就可獨立生活。因此，在歐美人看來，人到中年依然在父母身邊、靠父母吃飯的「HIKIKOMORI」是稀奇的。

公營住宅不面向年輕人出租，單身公寓房租高昂，種種問題導致許多人不得不與父母住在一起。培養幫助「蟄居族」回歸社會的援助者固然重要，但更為重要的是挖掘出並解決導致「蟄居族」閉門不出的根本原因。

就案例 3 而言，在本山誠已經窮困到家中地板殘破、即將餓死的情況下，住宅區內沒有一個人注意到情況的異常，這與本山誠家外表看起來漂亮整潔也有關係。

針對貧困引發的事件，常能看到這樣的言論，「沒有注意到」「明明只要說一聲就會有人幫忙」等。然而，人一旦認為貧困是自己造成的，或是被強加以這樣的思想，是很難向周圍伸出求援之手的。

東京都 23 區內流浪漢的人數自平成 11 年（1999 年）達到峰值 5800 人後呈逐漸減少的趨勢。平成 27 年（2015 年）1 月調查結果比前一年度減少 177 人，共 778 人。

這表明都區共同事業自立援助系統發揮了重要作用，同時，按規定使用最低生活保障等也是重要的原因。

東京都福祉事務所在官網上自鳴得意。官方統計的流浪漢人數並不準確，這在我們救助者間是眾所周知的。官方所宣揚的「成果」，即在晚上關上公園的大門，不讓流浪漢露宿室外，並把他們送入簡陋的住所隱藏起來。在我騎自行車撞倒了那位大叔並與他相識後的 15 年裡，有人機智地從垃圾場撿西裝穿，有人靠打零工維生，在公共廁所給手機充電。逐漸在全國普及的膠囊旅館、網絡咖啡廳、漫畫咖啡館等都可以是他們的住所，這些地方可以淋浴，也有剃鬚工具。恐怕已經誰都察覺不到，也分辨不出哪些人是流浪漢了。流浪漢本人為了不被人指指點點，對自身着裝也有一定的講究。

20 年來，東京都福祉事務所不知變通，固執地遵守着《流浪漢自立支援法》中對流浪漢的定義，即「擅自將城市公園、河川、道路、站內建築等作為

日常起居場所生活的人」。工作人員在白天上班時間內，僅憑肉眼對流浪漢進行人工計數。

留着邋遢的長髮和鬍子，成天不洗澡，在地上鋪紙板箱睡覺，白天穿着破爛的衣服在街上晃悠，這樣的流浪漢已是少數。有些身着西裝行走在住宅區的人，反而可能正輾轉投宿於各個網絡咖啡廳，身體也破敗不堪。

1. 所屬家庭不持有房屋產權。

2. 有房屋但無法進入內部，或以車輛、船舶為臨時住所。

3. 即將失去房屋產權。

4. 有可能在 28 天內成為流浪漢。

以上是英國對流浪漢的界定，若據此進行調查，那麼超期繳納房租者、在網絡咖啡廳生活的人、在車上生活的人等就都在援助範圍內。如果不採用能夠將本山和鹽田這樣的例子也包含在內的統計方法，即便作了調查也難以對症下藥。

不得不說，日本的流浪漢概數調查恐怕是毫無意義的，因為這樣的調查無法成為把握援助對象的根據。與其安排人手去河堤上一個個統計，不如作些能夠揭露現在的流浪漢以及貧困者生活情況的調查。

根據英國對流浪漢的定義，現在日本已經有大量人流離失所，成為流浪漢。在日本，貧困持續蔓延，

貧富差距不斷擴大，人人都被無家可歸的危機步步緊逼。

2016 年，國土交通省發佈規定稱，向住進空房的有未成年子女的家庭、老年人給予最高每月 4 萬日元的房租補助，向收容無家可歸者的房屋主人最高提供 100 萬日元的房屋改造裝修費用。該政策最早將在 2017 年秋天開始施行，不僅能夠解決嚴峻的空房問題，同樣值得期待的，還有對有未成年子女的家庭和老年人的生活援助。

如何將社會現狀傳達給包括經濟團體聯合會（簡稱「經團聯」）在內的企業高層是一直以來的難題。日本的大型企業依然珍存着日本經濟停滯前的年功序列制度。我曾想，趁着大型企業還有活力，若能通過雇傭體制改革改善日本的勞動環境該有多好。然而，在從事非正式雇傭勞動的年輕人、單身母親貧困家庭逐漸增多的同時，在上市企業工作的領導層也面臨子女找不到穩定工作的情況。

如果身邊的親屬中，有工作了三五年就辭職的年輕人，請不要急於教訓「你給我好好工作」，請先傾聽他們身上到底發生了甚麼事。

事實往往是人們在有這種意識之前，就先發出了「雇用年輕人原來這麼不容易啊」之類的感歎。除了自己的孩子，還有身邊的侄子、侄女、孫女、外甥。

希望人們能與身邊的晚輩近距離接觸，切身感受他們的處境。

「聽說那家的侄女又辭職了？」

「哎呀，那家人也不容易啊。」

從我的經驗來看，只有當事人或是與當事人有過近距離接觸的人，才能對貧困有切實的感受。與貧困擦肩而過的場景不斷上演。比如說在遇到那位大叔之前，我從來沒有切身體會過貧困者的感受。即便沒有切身體會，我想這也不會妨礙到我的學生生活，即便這個社會已經失去了持續發展的可能性。

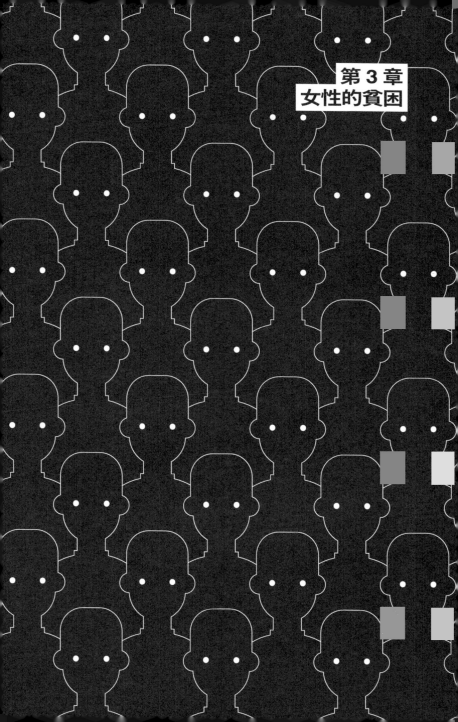

第 3 章
女性的貧困

本章將一邊回顧女性所處的立場，一邊解析為甚麼在日本這個發達國家仍有那麼多的女性處於貧困狀態。

1985 年《男女雇傭機會均等法》（以下簡稱《均等法》）的出台，為破壞雇傭制度提供了藉口。給予男女同等薪酬，表面上看起來是消除了男女工資差距，卻與 1986 年通過的《勞動者派遣法修正案》一齊規定，所有派遣員工不論男女都屬於非正式員工，這可以説是政府為了減少人事費用而出台的奇策。1985 年至 1986 年正處於泡沫經濟鼎盛期，誰都沒想到在後來的 10 年中，《均等法》會發揮這樣的作用。

男性就業條件被破壞以後，家暴、離婚、高齡貧困者、單身母親的困苦、孩子的貧困等問題如雪崩一般來勢洶洶。如果男性的雇傭制度遭到破壞是因，那麼女性遇到的各種困難則是果。

經濟高度成長期後一直處於「貧困」狀態的女性

在就業穩定的經濟高度成長期，女性的升職、加薪因為「一結婚就會辭職」「這份工作不會做得長久」等理由受阻，所以即使是在過去富足的時代，女性也是「貧困」的。不論丈夫的工作收入多穩定、社會地位多高，女性一旦遭遇離婚就會陷入困境。我曾看過一部講述戰

前故事的戲劇，劇中的女人不幸遭遇離婚，正當我被劇情走向吸引，屏住呼吸往下看的時候，她立刻嫁入了與前夫家只相隔兩三棟住宅的單身男子家中，這不免令人震驚。再婚的形式非常簡單，總而言之，對劇中的女性來說，結婚是生存下去的手段。

上文舉了一個極端的例子，在現實生活中，離婚或喪偶的女性若沒有從事任何職業，便會被父母接回老家。老母親、離婚的女兒、孫子的口糧，全部都由老父親承擔。通常情況下，這是壯年男性力所能及的。可見公司發放住房補貼、家庭補貼等福利，也是為了促進家庭生活穩定、讓男性能夠更好地工作。企業雇用一個男性，相當於養活一個家庭。

由此產生的另一個問題是，男性要承受極大的壓力。向田邦子在《父親的道歉信》裡描述了戰前日本社會的家庭，作品中有一位每天總在發脾氣的父親（保險公司職員）。

然而，那是一個將妻子能夠忍受丈夫的脾氣視為美德的時代。雖然「隱忍是妻子的美德」的風氣尚未消失，但是隨着政府定下「一億總活躍社會」的目標，身懷技能的女性、能自力更生的女性日漸受到好評。長久以來，所謂「母性神話」認為女性比男性更適合育兒。企業一方面逐步為女性配備同男性一樣的升職渠道，一方面期待女性能兼顧育兒和工作。我們是否迎來了一個前

所未有的對女性要求過多的時代？這最終只會激化各種矛盾，並導致社會系統潰敗。無論在哪個領域，失敗的結果總是由弱者承擔。

```
案例 1
在被雙親忽視下成長起來的
17 歲打工女高中生的未來
```

上野優香（化名，17 歲）是埼玉市定時制高中的二年級學生，一個人住在市內的公寓裡。上野的父親在她出生後便不知所蹤，她遭到有精神疾病的母親的虐待，後被送入兒童福利院。由於賣淫等不良行為，上野接受了青少年規範行為指導並完成了義務教育。現在，她以打工的乾洗店的名義租房居住，但由於經常生病、出勤時間不定，被乾洗店要求辭職。不忍坐視的班主任老師向我們打來了求助電話，告知了更詳細的情況。

上野月收入 13 萬日元，扣除所得稅、社會保險費、4 萬日元的房租後所剩無幾。

老師說：「再這樣下去畢業都成問題。我想盡一切辦法幫助她，如果不能畢業，上野同學的將來會是一片黑暗。」

然而，上野本人卻說：「將來？高中能畢業就夠

了。」一副事不關己的樣子。因為無法依靠母親，她一直一個人生活。在定時制和通信制高中，家庭情況複雜的孩子很多。因為得不到父母的關愛，所以反覆通過賣淫、自殘等自我傷害行為來證明自己的存在，這是低自尊的常見表現。儘管如此，在我們的多番問詢之下，上野終於開口了：

「想從事美容行業，然後早點結婚，組建幸福的家庭。」

斬斷貧困的鎖鏈，關鍵是教育投資

上野需要從高中畢業，然後進入專門學校學習手藝。不這樣做的話，她將一輩子身處低收入群體中，組建家庭後也難以擺脫這樣的命運。在所謂的底層高中，29% 的男生和 16% 的女生能在二月份的畢業節點找到工作，沒有未來方向的男生佔 52%，女生佔 65%（據首都大學東京《有關高中畢業生的就業方向調查》）。學生的前途非常不穩定，越是沒有接受過良好教育的學生，今後的家庭收入越低，甚至可能處於食不果腹的狀態。其中，也存在由於交通費過高而無法上學的情況。

上野與我們約定了好好從高中畢業，我們向她介紹了能拿到美容師資格的公立職業訓練學校。只要她告訴我們自己的期望，我們就有辦法幫助她。雖然上野神情

陰鬱，但她着裝整潔，完全不會給旁觀者留下「貧困」的印象。

教育所影響的不光是收入，還有在人際交往中形成的人脈關係。比如，高收入群體中的律師、醫生、政治家，他們即便失業了，也會有朋友説：「我想辦法幫幫你吧。」在這一點上，越是像上野這樣處於社會底層的人能得到的幫助越少。在日本，人與人的差距是巨大的，早已形成分明的階級社會。

很多學校雖然配有社會工作者，但都規定學生的本分是學習，「對學習懈怠」的學生會被退學。在我看來，學習固然重要，但當孩子不學習時，作為老師，第一步應該是將心比心，尋找孩子們鬆懈的原因。令人高興的是，近來意識到這一點並付諸行動的老師不斷增多。

不管怎樣，能引導孩子找到內心的希望才是關鍵。

「雖然我沒有錢，但我真的很想要完成這件事。」

能聽見自己説出這句話，就是成功的第一步。

窮途末路的單身母親

我在上一節講到「斬斷貧困的鎖鏈」，仔細想想，對上野的母親來説這是一句失禮的話。雖然有的母親對孩子不聞不問，接受生活補助，整天在家睡大覺，但是孩子一定要與她們「斷絕關係」才能成長嗎？

上野的確一直受到母親的虐待，但這可能是因為父親的失蹤將母親逼入了絕境。很多單身母親是精神病患者。「再這樣下去，我會忍不住對孩子大打出手」，向hotplus求助的母親也很多。

在日本，夫妻分開後母親得到撫養權的情況較多。除了育兒是母親的責任之類的母性神話外，男性無法哺乳、不懂得如何給小孩洗澡也是一部分原因。負責調停的家庭法院考慮到這一點，常常要求男方負擔撫養費。但是，能按照要求支付撫養費的父親只是極少數。

儘管母親持有撫養權，父親有撫養義務，但據 2011 年全國單身母親家庭調查結果顯示，離婚後仍在提供撫養費的父親只佔 19.7%（2006 年度的調查結果為 19%），離婚後仍在提供撫養費的母親只佔 4.1%。

也就是說，對母親來說，兼顧育兒和工作（賺錢）是沉重的負擔。雖然我並不完全認同這樣的說法，但是希望各位想像一下在工作中受了氣，回到家就對家人撒氣的「昭和父親」。對單身母親來說，她們沒有撒氣的對象，也沒有傾訴的對象。

母子餓死在「經濟大國」

2013 年 5 月，在大阪市內一棟公寓裡，人們發現了倒在床上的 28 歲母親和她 3 歲的兒子。帶廚房的一

居室裡沒有冰箱，電和煤氣都停了，食物只剩下鹽。死者銀行賬戶裡只剩下十幾日元，屋內的一張紙條上有一句潦草的話：「到最後都沒讓你吃飽飯，對不起。」大阪天滿警察局推測「因生活窮困而餓死的可能性很大」。

不是「沒讓你吃飽飯，對不起」，而是「到最後都沒讓你吃飽飯，對不起」。說明這位母親是眼睜睜看着孩子被活活餓死的。警方調查後得知，兒子先斷氣，母親死在其後，死亡時間是當年 2 月左右，直到鄰居聞到異味報了警。

hotplus 幫助解決生活貧困者的住房問題，我們接觸過多起因貧窮而餓死的案件。

在某一個夏日，一位房東打來電話，說進入公寓之前聞到了一股陌生的臭味，門縫間有蒼蠅飛進飛出。房地產公司拿備用鑰匙小心地打開門後，一群蒼蠅蜂擁而出。

房間的角落裡橫躺着漆黑的屍體，嘔吐物、汗、體液以及糞便從屍體裡滲出，在地上流淌。情景甚是悽慘。

人無法選擇死法，誰都有可能在明天死去。但有一種說法是「以餓死的方式自殺」是不可能的，因為這是一個漫長而痛苦的過程。

根據母子餓死事件的相關後續報道，那位母親沒有請求行政援助，也沒有向民生委員尋求幫助。大概由於長期遭受家庭暴力，害怕藏身之處被丈夫發現，她沒有

作居民登記。她也許知道，在尚未離婚的情況下申請最低生活保障，她的家人就會收到「能否幫助她呢？」之類的消息，從而暴露行蹤。

即便如此，她依然可以通過其他方式得到救助。然而，她為了逃避家暴的丈夫四處躲藏，似乎錯失了得知這些信息的機會。碰到住在附近的人，也只寒喧兩句，誰也沒能向她伸出援手。

半數單身母親家庭的存款不到 50 萬日元

母子餓死事件引起了單身母親們的共鳴：「這或許就是明天的我。」根據前文提到的調查，47.7% 的單身母親家庭存款金額不足 50 萬日元。一旦發生意外，這些錢能在一天之內被用盡，單身母親們還要為生計苦惱。

能夠維持生計的標準是，即便發生意外也有足夠應付 3 個月日常生活開支的儲蓄。但這是一個難以達到的標準，原因在於所謂的「昭和的遺產」使女性升職加薪困難重重。不僅如此，在日本經濟停滯的 20 年間，年輕一代被臨時雇用的現象越來越普遍。另外，國民最低工資標準仍然處在低水平。2011 年度的調查顯示，在日本的所有家庭中，單身母親家庭佔 2%，也就是約 124 萬戶。在每 6 個國民中就有 1 個窮人的情況下，單身母親的貧困率超過 50%，平均年收入為 181 萬日元，

只達到全國家庭（戶主年齡 18－65 歲以下家庭）平均年收入的 40%，比其他有孩子的正常家庭少 400 萬日元。不管是在婚前還是離婚成為單身母親後，她們都被剝奪了從事高技能專門職業以養育孩子的機會。

以送孩子到公立中小學上學為例，雖然是義務教育，但是學習用品、運動鞋、制服等都需要花錢購買。媽媽們早上在便利店打工、中午在超市收銀、晚上賣酒水，一週做兩三份工作是再正常不過的了。有孩子為辛苦的母親着想，放棄繼續升學的機會；有孩子在父母離

圖表 3-1　不同類型家庭年收入分佈情況

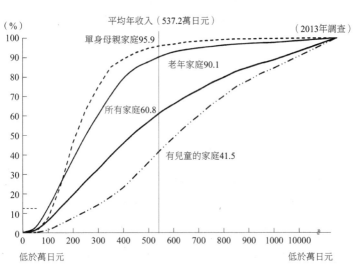

出處：厚生勞動省《2013 年國民生活基礎調查概況》

（2013年）

	很困難	較困難	普通	較寬裕	很寬裕
所有家庭 困難（59.9%）	27.7	32.2	35.7	3.9	0.5
老年家庭 （54.3%）	23.2	31.1	41.1	4.1	0.5
有兒童的家庭 （65.9%）	31.7	34.2	30.7	3.1	0.3
單身母親家庭 （84.7%）	49.5	35.2	14.7	0.6	

0　10　20　30　40　50　60　70　80　90　100
(%)

出處：厚生勞動省《2013年國民生活基礎調查概況》

婚後因拿不到父親的撫養費而放棄修學旅行。「我想去迪士尼樂園，只去一次也好。」聚集在兒童食堂的孩子們說。他們知道，不把「我想進陸上競技部，給我買雙7000日元的釘鞋吧」之類的話說出口，父母能輕鬆很多。

　　公立學校活動多、作業少的前提是學生參加補習班。單身母親家庭的孩子在跟不上學習進度時，是沒有錢上補習班的。因孩子抵觸上學而前來諮詢的單身母親非常多。這些孩子並不是因為「偷懶」而不上學。

　　家庭的貧困已經不是個人的問題。孩子是社會的未來，而貧困正在剝奪他們的選擇以及無限可能性。

```
┌─────────────────────────────────────┐
│              案例 2                   │
│   被公司利用，40 歲單身母親的絕望       │
└─────────────────────────────────────┘
```

「給您帶來麻煩，我感到十分抱歉。」

在大型家庭餐館上班的合同工、單身母親梨本忍（化名，40 歲）向人事部長低頭道歉。上班期間，梨本從架子上取東西時不慎跌倒，整條左胳膊被一旁的高溫油燙傷，留下了疤痕。治療需要花費金錢和時間。考慮到之後的生活，窮途末路的梨本來到 hotplus 諮詢。「突然不能工作了，還給公司帶來那麼大的麻煩⋯⋯」

猛然間，我怒上心頭。

忍耐是一種美德，在日本，這種道德觀不僅存在於家庭內部，也延伸到了勞動市場。

用工單位與勞動者之間只存在合同關係。勞動者因工作患病或受傷時，用工單位有義務承擔醫藥費，並支付勞動者治療期間的經濟補償（《日本勞動基準法》第 75 條「療養補償」、第 76 條「歇工補償」）。即便用工單位無力支付補償金，國家還設立了工傷保險制度，以確保勞動者能得到補償。根據該制度，受保對象為《勞動基準法》界定的所有勞動者，不分正式員工和非正式員工。

於是，我與對方公司進行了交涉。

「她不能工作了，為難的是我們。」

「明明是一起工作到現在的同事，還請求賠償就⋯⋯」

「法律雖然有規定，但我們是例外。按照慣例，兼職不享受工傷保險。」

「若留下工傷保險記錄，會影響到將來的就業，還是放棄為好。」

對方就是這樣「善意」地勸告梨本的。

用人單位首先必須熟知相關勞動法律制度，我們絕不姑息佯裝不知並威脅勞動者的行為。

我希望勞動者增強權利意識。兼職、打工也有帶薪休假的權利，連這點都不知道的大有人在。有人因為「我們明明是同事」而放棄自己的權利，有人被「法律和慣例是兩碼事」這樣的謊言所欺騙，有人在「對你將來就業有影響」的威脅下撤回申請。

某公司員工因長時間工作患上精神疾病，我受他委託前去交涉時，該公司的社會保險辦事員說：「分明是自己意志力薄弱才得了精神疾病，卻要把責任推給公司？給公司帶來麻煩之後還申請補償金，真是毫無常識。」

本是基於事實，按照勞動法規定尋求解決方式，不想卻被貼上「麻煩」「背叛」等道德標籤。但說到底，對於這種基於事實的工傷認定來說，公司的看法本來就無關緊要。

梨本當然是符合工傷保險申請條件的，也拿到了全額保險。

「你沒有加入工傷保險」是謊話，用《勞動基準法》武裝自己！

越來越多的管理者、人事專員不具備解決勞務問題所需的相關知識。以往通過一次團體交涉就能得到解決的案例，最近因為律師、社會保險辦事員的介入而變得更加複雜。這也是日本缺乏工會活動，相關人員交涉經驗不足導致的。遵循勞動規則的交涉在企業中變得行不通了。

判定員工受傷、患病是否屬於「勞動災害」的，是厚生勞動省下屬部門勞動基準監督署，而不是公司。然而，因勞動災害產生的治療費、住院費都包含在保險內，所以公司需要向勞基署提交理賠給付申請書。這時，有些公司會以「我們沒有加入工傷保險所以無法申請」「我們營業赤字，所以沒有繳納工傷保險費」為由，拒絕填寫申請文件。

公司在謊稱「沒有加入工傷保險」時，已具有隱瞞工傷的嫌疑。大多數情況下，證明公司違反《勞動安全衛生法》、隱瞞工傷的相關文件將被送交檢察廳，對企業形象極為不利。

企業對員工的壓榨愈演愈烈，不得人心。第 4 章將介紹年輕人和老年人如何通過「協同勞動」，在困境中找到出路。我希望 21 世紀是勞動者憑智慧工作、互相扶持、共同生活的時代。

案例 3
為孩子的生命安全負責的 24 歲保育員，未來一片黑暗

案例 1 中的上野夢想中的美容師與保育員、護理員等工作，對女性而言入職難度相對較低。對於高中畢業、沒有工作經驗的女性來說，以這些工作為目標是比較可行的。職業培訓學校等也能提供相應的支持。

然而，保育員的工作環境是嚴峻的。

「雖然我想結婚，但未婚夫的工資不算高，我很難馬上辭職。我想提加薪，怎麼說才好呢？」

這是一位在專業學校學習後取得保育員資格的女性的案例。雙葉真奈美（化名，24 歲）在一家以經營補習班為主的股份公司上班。她負責的保育園內有 0 歲到 5 歲的孩子近 100 人。她每週工作 5 天，每天工作 8 小時，基本工資為月薪 13 萬日元，但包含伙食費等預扣項目。工作 4 年工資完全沒有漲，她的工作熱情已經消

散。長此以往，技術沒有提高，只是徒增年齡罷了，而她原本期待的是漲薪之後能存夠結婚資金。

政府認可的保育園有公立和私立之分。公立保育園由地方自治體（市區町村）運營；私立保育園主要由社會福利法人、企業、學校、非營利組織等運營。公立保育園的員工屬公務員，而雙葉所在的這種由企業運營的私立保育園，則普遍存在工資偏低的問題。

2000 年，為增加保育設施數量，政府放開限制，允許股份有限公司運營保育園。這一年，為了增加中小企業的商機，私立醫院、大巴租賃行業以及為保護當地中小商店而備受限制的大型連鎖店也陸續實現自由化，使得這些行業的人事費用大幅跳水。

國家、地方自治體撥款資助保育園的運營時，計劃將 70% 的資金用於人力成本，而實際上民營保育園將人事支出控制在 50% 左右，低於 50% 將招不到保育員。在這樣將人力成本壓到最低的情況下，這些保育園通過對員工接連不斷地「榨取」來維持良好的收支平衡。

「我想辭去風俗店的工作，但辭職之後怎麼辦？」前來諮詢的女性如此說道。問她們從事風俗工作之前在做甚麼時，「保育員」「護士」等回答多得驚人。令她們苦惱的問題並不僅僅限於工資過低，她們還害怕幹這一行總有一天會碰上意外，為防患於未然，她們尋思着轉行。

一位 27 歲的保育員有提供「上門性服務」的經歷。

她在工作日從事保育員的本職工作，其他日子提供「服務」以賺取生活費。算上加班費，保育員的月工資為 17 萬－18 萬日元，而單室公寓的房租就要 6 萬－7 萬日元。一旦以保育員作為職業生涯的起點，就很難再進入其他行業。難得很多人出於對孩子的喜愛選擇做保育員，但令人遺憾的是，光靠這個工作養活不了自己的現實是殘酷的。

保育園和學校不同，不設立班主任、年級主任等職位，也不像企業那樣設有科長、係長等級別，幾乎沒有升職加薪的機會。即便有人對這份工作充滿喜愛，也由於工資低、待遇差等原因，很難堅持下去。作為專門職業，它得不到相應的尊重，也不能通過自成體系體現其優越性。

厚生勞動省決定以鼓勵產後復職的形式改善保育員的待遇。2017 年 4 月起，面向在職 7 年以上的資深保育員新設立了「副主任保育員」「專業領導」等職位。除月工資提高 4 萬日元之外，還計劃組織有關食育、保健衛生等專門領域以及團隊管理等方面的領導人培養活動。

政府不單培養專業人士並幫助他們取得相應資格，還給予保證雇傭關係穩定的補貼。對此我表示十分歡迎。保育園無法按照普通企業的方法制定保育員的職業生涯規劃，那麼如何投放國家經費並最終將其應用於人

力成本，關鍵在於改善保育員的職業生涯規劃體系。

雙葉最終選擇了護士作為第二職業，並決定去準護士學校接受培訓。她希望自己對孩子的喜愛能夠在護士崗位上派上用場。比起保育員，她覺得社會對護士的需求更大，且護士的收入更穩定，社會地位也更高。

提高工資，首先應提升該職業的社會聲譽

在少子化問題、待機兒童 [3] 問題上，政府向國民承諾，以「一億總活躍社會」為目標，確保約 50 萬孩子能夠進入保育園。2015 年開始實施的《兒童及育兒援助新制度》要求將私立機構保育員的工資平均提高 3 個百分點。藉此機會，市場強烈呼籲投身家庭的保育員返回工作崗位。但保育行業人手仍然沒有增加，保育園的用地等問題逐漸凸顯。在城市裡，為了讓孩子進入保育園，家長需要嘗試各種辦法，形勢越發嚴峻，連未被政府認可的保育園的名額都變得很搶手。

政府並不熟悉保育工作的實際情況。託管孩子的地方缺甚麼？為何作為職場如此缺乏魅力？保育員主動發聲也至關重要。社會對保育員的評價的提高對從根本上

3　因託幼機構學額不足而無法入園的兒童。

解決問題起着重要作用。

俗話説「三歲看到老」。其他國家很重視 3 歲之前的嬰幼兒教育。通過郊遊、外出、玩沙子等活動，成人為孩子創造了更多接觸大自然的機會，在確保安全及豐富體驗的同時輕鬆增進與孩子的感情。這些體驗直接影響孩子的性情和人格的形成。

銀行職員的工資相對較高。由於經常與錢打交道，高薪是為防止職員侵吞錢財而構建的安全網。保育行業承擔着培養孩子的重要使命，也應該從同樣的角度考慮從業人員的處境。我認為這樣的主張是正當的，應該被大膽提出。

案例 4
「我想上學」，等待改行機會的 28 歲護士
靠風俗職業生存

進入超高齡社會的日本不得不面對的一個問題是護理。關於這點，第 4 章也將進行介紹。到 2025 年，所有的團塊世代都將進入「後期高齡者」(75 歲以上老年人)行列。他們退休時，「2000 年問題」轟動社會，緊接着又將迎來「2025 年衝擊」。

與之相對的是護理界的一片死寂。2000 年，日本

開始實施護理保險制度，護理機構民營化成為難題。曾來 hotplus 諮詢的女護士田代祥子（化名，28 歲）從福祉專門學校畢業後在埼玉縣的一家護理機構就職。賬面上的月工資約為 16 萬日元，扣除單室公寓租金以及汽車保養費，剩下不到 10 萬日元。她和機構商量後約定只在白天上班。

一週內她多次在東京池袋的風俗店工作。為了存錢，她打算開闢自己的第二職業。她幹勁十足，「我想去專門學校學習，考取行政書士資格」。護理機構工資本就低，值夜班也遠不如在風俗店工作賺得多。算上工作間歇，一週工作 2－3 次，一個月收入為 13－14 萬日元。田代每個月結餘 6－7 萬日元，正在尋找着改行的時機。田代非常精明、冷靜地琢磨着自己的生存之法。

保育員、護理師所諮詢的內容大多離不開風俗工作。這裡要強調的並不是在風俗店工作的事，而是惡劣的工作環境使她們不得不同時做兩份工作。這一問題在美容業、飲食業也較為突出。高中畢業後在中小企業就職的辦公室女文員也面臨同樣的處境。為了從低工資的勞動中抽身，她們暫時轉行到人手緊缺的護理行業，晚上到風俗店工作。存到一些錢後再次返校學習。進入大學重新深造是她們的後路。

我們不能簡單批判這種把風俗業當作副業的行為，因為如果連這張最後的安全網都被拆除，她們僅靠護理

工作將無法維持生計。

然而，護理行業內也出現了這樣的聲音：「入職 7 年，沒有升職，沒有加薪，也沒有未來。就做副業而言，競爭對手卻在增加。我 27 歲，客人都不找上門了。靠做風俗工作也漸漸生存不下去了。」算上加班費，護理行業的月工資約為 18 萬日元。在風俗店一週上兩次班的工資可充當生活費。

你可能會驚訝，27 歲還年輕，怎麼就不能養活自己呢？事實是女大學生等更年輕的女性不斷入行，對她們的副業形成了威脅。

苦於生計，女大學生在風俗店兼職

缺錢是大學生在風俗店打工的原因。受少子化影響，報考大學的人數減少，大學則通過提高學費來維持收入。與 1969 年相比，日本的大學學費漲了約 45 倍。父母光出學費已感到吃力，學生只能自己掙房租、電話費和購買學習用品、電腦等必需品的錢。部分認真準備留學、考取資格證、提高技能的學生選擇兼職做風俗工作，以快速高效地賺錢，確保學習時間。

日本學生支援機構（原「日本育英會」等）負責向大學生以及專門學校學生發放借貸性獎學金。該機構的《概要 2015》文件顯示，借貸者共計 134 萬人，借貸金

額為 1.1 萬億日元（2013 年度數據）。其中，計利息的第二類借貸獎學金借貸者約為 87.7 萬人，總借貸額約為 7966 億日元（2015 年度數據）。

第二類借貸獎學金對學業方面的要求不高，但需要償還利息。本科生的月借貸額有 3 萬日元、5 萬日元、8 萬日元、10 萬日元、12 萬日元這 5 個級別。按最高月借貸額 12 萬日元借貸 48 個月計算，畢業起利息為 614 萬日元（以 0.63% 的年利率計算）；按最高年利率為 3% 計算，利息則為 775 萬日元。畢業後每月償還 2－3 萬日元，分 20 年還清。若拖欠還款，個人信息將被上傳到信用機構，錄入黑名單。説是援助貧困學生，實為教育貸款。事實上，第二類借貸獎學金的 47% 來自於民間金融機構貸款。無形之中，學生成為金融行業的「客戶」。

借貸 200 萬日元到 500 萬日元對我教的學生來説稀鬆平常，參加就職活動的學生開銷尤其大。這樣一來，剛步入社會沒幾個月，他們就被催着還款。在這一點上，那些找不到其他工作，只能在黑心企業上班的學生也是一樣的。20 多年的還款期限足以改變人生道路。在這期間因故變成單身母親的女性，往往需要申請減少月還款額，若申請失敗，就只能採用個人破產等債務處理方式。20 歲出頭便背負數百萬的債務，對女性的結婚、生育都會產生很大的影響。

與其在將來陷入這樣的境地，不如乾脆在讀書時就靠風俗工作多掙錢。因為她們知道，畢業之後將不再有年齡優勢。那些只會誇誇其談的「寬鬆世代」[4]，在日本已經不復存在了。

工資微薄，單身女性隨年齡增長的不安

貧困不是特定年齡層的問題。如果不改變年輕人的劣勢，他們將長期處於社會底層，社會因此失去活力，未來將是一片黑暗。

一位背負巨額欠款的女學生說，她希望在 20 多歲時多積累社會經驗，過了 30 歲就結婚，生兒育女，專注於孩子的教育。接受過大學教育的她們，明明有結婚以外的出路可以走，卻因還貸所迫，最終只能選擇與收入穩定的男子結婚，以此為歸宿。然而並不是每一位這樣想的女性都可以如願以償。

日本經濟停滯的 20 年間，女性未婚率持續上升。35-44 歲的未婚在職女性中，近 40% 是保險等福利待遇不完善的非正式員工。

與企業保持非正規雇傭關係的勞動者比例逐年增

4　日本原創詞語，指日本 1987 年以後出生、在「寬鬆教育」政策影響下成長起來的一代人。

加。15—24 歲女性的非正規雇傭率為 9.2%，25—
34 歲為 14.3%，35—44 歲為 23.8%，45—54 歲為
24.5%，55—64 歲為 19.3%。與男性非正規雇傭率
（35—44 歲為 11.5%，45—54 歲為 9.0%）相比，女
性非正規雇傭率高得異常（2015 年《總務省勞動力調
查》）。不僅如此，女性一旦有過失業經歷，即便已經 40
多歲，也只能拿到幾乎與 20 多歲、30 多歲的年輕人沒

圖表 3-3　不同年齡階段的非正式雇傭職員的比例（2015 年）

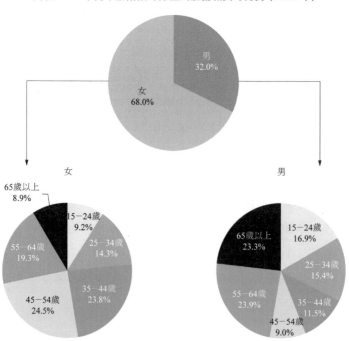

出處：總務省《勞動力調查（詳細統計）》（2015 年平均）

有差別的工資。原因在於日本的社會保障至今仍是以女性結婚為前提實施的。

案例 5
收銀 20 年，中年女子「總覺貧窮」的現實

「再這樣下去，等我老了該怎麼辦……」

鄙人前著《下游老人：一億人老後崩壞的衝擊》出版後沒多久，我收到一位叫夏井明美（化名，43 歲）的單身女性的郵件。夏井過着獨居生活，已經在超市做收銀工作超過 20 年。她的父母遠在日本東北地區，為照顧祖父母忙得不可開交。作為全職員工，她可以享受厚生年金待遇，但無歇業補貼金。碰上年末、盂蘭盆節，當月的工資約為 14 萬日元，市場旺季月收入約為 18 萬日元，房租為 6.5 萬日元。她告訴我，在這種艱難的情況下，父母從鄉下寄來蔬菜和魚，幫了大忙。再加上比起剛工作那會兒，現在的時薪漲了 10 日元，「已經輕鬆多了。」通過郵件溝通過幾次之後，我打了電話給她。

「感冒時會冒出一些想法：會不會就這樣死去？身體越變越小，然後消失……但誰都不會注意到吧。以前我也有朋友，後來她結婚有了孩子，我們就不怎麼聯繫了。」

寄自家的菜和魚或許是父母鼓勵她的方式吧。然而，除了父母沒有人需要她，至少她自己是這麼認為的。即便是收銀的工作，能替代她的人也比比皆是。她感覺自己是透明的。

單身母親一旦倒下，孩子就會跟着遭遇不幸，這種壓力使人喘不過氣來。然而，不被賦予任何職責的人生將只有無盡的孤獨。

曾經，高中文憑且毫無工作經驗的女性為了在社會立足，會把結婚當作出路。實際上，夏井當初兼職收銀的時候也沒想過一直做這份工作。1991年3月，

圖表 3-4　終身未婚率走向（含預測）

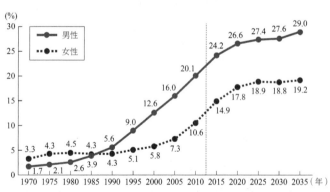

參考資料：國立社會保障和人口問題研究所《人口統計資料集（2015 年版）》《日本未來家庭數預測（全國 2013 年 1 月預測）》
註：終身未婚率指到 50 歲一直未婚的人口所佔的比例。2010 年前的數據來源於《人口統計資料集（2015 年版）》，2015 年後的數據來源於《日本未來家庭數預測》，取 45-49 歲人群的未婚率和 50-54 歲人群的未婚率的平均值。
出處：2015 年厚生勞動省《關於人口減少社會的思考》白皮書

團塊二代的畢業季正好趕上泡沫經濟崩潰。夏井20多歲、30多歲的時候也參加過各種相親活動，與男性有過交往。

到現在仍有很多人認為，「收銀＝家庭主婦打發時間的兼職」。但事實上，為補貼家用，不得不把每天幾小時的兼職當作「主業」的大有人在。夏井就是其中一例。不為積累工作經驗，衝着900日元保底時薪，奔走於各個超市，辛勤工作以維持房租、稅費支出的單身中年女性，不論在大城市還是小縣城，都已不足為奇。

「要不我還是考取相關從業資格證，從事其他工作？」

深入交談後，我發現夏井擔心的不是「晚年」，而是「現在」。處於貧困邊緣的她，雖然想考取資格證，但是沒有足夠存款交學費。因為必要時可以回老家投奔父母，所以她沒有考慮過申請最低生活保障。可一旦她失去工作能力，還是會成為最低生活保障的申領者。

親子團聚忌談將來之事

「我有工作，不愁吃穿。年收入保底200萬日元，不會淪落到社會底層。」這種想法意味着「潛在的貧困」並沒有浮出水面。然而，一旦當事人在疾病等意外情況的影響下辭職，交不上房租，走投無路，事情的嚴重性

便會顯露並上升為社會問題。

　　hotplus 也接到過非當事人本人打來的求助電話。比如女兒 30 多歲仍未出嫁，60 多歲的父母為此感到苦惱，於是來電諮詢。一位父親稱，他的女兒付不起房租，只好回老家和他一起生活，做兼職月入 10 萬日元，不需要支付伙食費、電費、水費和房租。一位 68 歲的母親來電說，38 歲的女兒因抑鬱無法工作，靠遺屬年金維持生計。還有一位母親說，女兒靠 12 萬日元的月工資無法生活，便向相關部門申請最低生活保障，卻因有房有車被拒絕。

　　「我若是倒下了，女兒能獨立生活嗎？」

　　每個人諮詢的內容稍有不同，卻存在共通之處。父母與孩子能夠一起生活說明家庭關係融洽，親子關係親密，常有對話。但他們並不是無話不談，「與將來有關的話題，我們一概不談」。

最後的安全網；女性犯罪人數激增

　　有觀點認為，男性走投無路時可以選擇當流浪漢，女性卻無法露宿街頭。然而，我們不能因為女性不管多落魄也不至於露宿街頭，就說她們的處境比男性好。家庭收入低是入住低租金公營住宅的條件，單身母親家庭、多子家庭有優先選擇權。然而，對於那些並非離

職、失業或失婚，卻以非正式員工身份工作的單身女性來說，沒有任何社會保障制度是為了幫助她們而存在的。她們可以説是被排除在社會福利之外的人群。

2015 年度日本犯罪白皮書顯示，65 歲及以上的高齡犯罪者和女性犯罪人數在 20 年間始終呈增加趨勢。2014 年的犯罪總人數是 1995 年的 4.6 倍，女性犯罪者比例卻增加了 16 倍左右。女性犯罪者中，90% 的人所犯罪行是盜竊，其中 80% 為假扮顧客偷盜。

曾屬於中等階層的人淪落到「接近底層」的境地卻得不到救濟的情況比比皆是。如何改變這些人被逼至懸崖邊的殘酷形勢，這個問題值得我們深思。

為此，我想在這裡介紹一下橫濱市男女共同參與中心為幫助 15－39 歲單身女性解決就業難題而開展的「girls support」項目。

該項目重視掌握從事高薪工作的技能，並開展相關的職業訓練，同時提供心理疏導課程，幫助那些因沒有條件上學、曾就讀墊底學校等情況而在學習上存在心理障礙的人找回自信。以下是該課程的簡要介紹：

- 緩解緊張，向人發聲。
- 嘗試握手等肢體接觸。
- 通過一起做菜等團隊合作，認識到自己能夠發揮重要的作用。
- 喜歡上自己，練習化真正適合自己的妝。

- 學會傾聽。

當他人說話時，不否定，不插話，單傾聽就能幫助他人找回自信。我想，藉此機會也能建立良好的人際關係吧。

> **案例 6**
> **獎學金償還中，年收入 200 萬日元女博士的夢想是「無任期專職」**

與日本經濟高度成長期的情況不同，現在很多男性沒有穩定的工作，沒有養家的經濟實力，這在前面已經敘述過了。泡沫經濟時期有過截然相反的情況：想成為音樂家的男子靠高收入的女朋友資助生活費；妻子外出掙錢養家，丈夫在家帶孩子、做飯。如今，這樣的模式在倫理道德上已毫無問題，普遍為人們所接受，但即便如此，掙錢養家的女性仍是極少的。雙方都為了追逐夢想而都沒有正式工作，加起來的月收入不到 20 萬日元，這樣的例子也是有的。前些天，一位 36 歲的女性和她 33 歲的男友前來諮詢。兩人表示放棄夢想很難，又找不到與音樂對口的工作。聽了這樣的自白，可能有人會說：「這是你們自己做的選擇，自己想辦法去！」實際上這背後隱藏着被社會忽略的陷阱。

職業生涯的失敗，不單單是個人不夠努力的結果，有時候也是社會因素導致的。

　　有吉美野里（化名，38 歲）是著名大學的研究員，有博士學位，每天事務繁忙。如果成為全職的「常勤講師」「專任講師」，便可以沒有任期，一直在大學裡作研究。發表的論文累積到一定數量，還可能晉升為副教授或教授。

　　然而，有吉作為 3 年任期的講師，一節課的工資為 5 千－1 萬日元。由於研究生畢業時借貸獎學金共計 1100 萬日元，她現在每月需還款 3 萬多日元。她在 5 所學校擔任「非常勤講師」，加上第一作者稿費、講座費等其他收入，年收入約為 200 萬日元。而專職講師的收入比非常勤講師多 3－5 倍。

　　研究表明，男性成為專職講師後常與學生結婚並繼續任教，而女講師一旦結婚，就很可能離開研究一線。即使是大學裡的職位，也是以「女性結婚後會成為家庭主婦」為前提設立的。這個宣揚「女性活躍」的國家，性別差距指數在全球 144 個國家中居第 111 位（2016 年 10 月 26 日世界經濟論壇數據），比 2015 年退後了 10 位。

　　文部科學省以日本東北大學、早稻田大學等引領國內研究活動的 11 所大學為對象，開展《大學教員雇傭狀況相關調查》（2015 年 3 月公開發表）。結果顯示，有

吉這種有任期的「非正式員工」在 6 年間共增加了 4286
人，2013 年度有任期教員的比例實為 39%（2007 年為
27%）。另一方面，無任期的教員減少 1428 人。

高學歷低收入人群急劇擴大引發
學術界危機

　　少子化導致大學間的競爭越發激烈。有吉的研究
方向為文科中相當冷門的宗教史。2010 年最熱門的專
業是醫療醫學系，其次是護理福祉系，總體上理科人氣
高、文科人氣低。少得可憐的文科職務足以引發一場爭
奪戰。有吉一直在尋找常勤、無任期的崗位，轉眼已經
38 歲了，這個年紀的人難以在一般企業就職。

　　「我能一直繼續現在的工作方式嗎？一想到未來就
特別不安。也許總有一天我必須放棄自己的夢想。在那
一天到來之前，我想再努力一下。」有吉如此說道。

　　學術研究的環境發生劇變，工作崗位和財政資助的
減少，使想從事學術研究的人無處可去。雖然靠無編制
的工資可以維持生活，但只憑每天零碎的工作時間，根
本無法開展深入的研究。我身邊就有人在沒有出路的基
礎研究上止步不前，50 歲仍舊是無編制講師。對社會
技術革新來說，學術研究崗位起到至關重要的作用。然
而現實是只有實用主義的理科受到重視，文科形勢嚴峻。

尤記得與劇作家平田織佐的談話，他說現在這個時代的人沒有時間看戲劇，在 YouTube 上看視頻就當「鑑賞」過了，戲劇文化將逐漸衰敗。對此我印象深刻。戲劇是綜合藝術，但在小城市，劇場、美術館、精品店越來越少，有的地方甚至沒有書店。雖然可以在網絡上檢索到戲劇信息，但去劇場觀看的機會越來越少。即使有機會，一部歌劇的特等席票價也高達上萬日元。陶冶人心的哲學、音樂、人文、時尚，日漸淡出人們的生活。感興趣的人少了，能在大學裡學習的機會也逐漸減少，儘管除了符合實用主義的理科，包括人文素養在內的所有學問都是有意義的。

被剝奪的寬裕生活，「房租重壓」下的人偶

上述所有問題的根本原因都是社會保障的不健全。

「這個國家甚麼都有，唯獨沒有希望。」(《希望之國》) 這裡的「甚麼都有」，我想指的是通信、電力、交通運輸等生活基礎設施。無論去到哪裡連下水道都設施完備的日本是個發達的國家。

這是由政治力量介入土木工程承包和房地產行業促成的。尤其房產援助政策出台後，在政府的引導下，日本國民認為「擁有自己的房子是一種幸福」。暫且不論

能否還清貸款，為了買房，大家都從銀行高額借貸。建設高峰期，建築業、房地產業、銀行金融業如日中天。這些行業的工作者辛辛苦苦支撐起日本的經濟成長，這是「日本經濟增長模型」的一部分。另一方面，如果不買房子或買不起房子，就只能選擇租用私營住宅。

日本與北歐等國家相比，公營住宅數量極少。本來只負擔得起低廉的公營住宅租金的人，被逼無奈貸款買房，或被迫租用昂貴的私營住宅。收入相對穩定的正式員工從 24 萬日元的月收入中拿出 10−12 萬日元，也就是近一半工資，用於交房貸，這已不是新鮮事。

這種情況下自然沒有存款，更別提去看劇或聽音樂會了。為了養家，人們不惜犧牲健康拚命工作。追求娛樂是「奢侈」，病倒是因為「不注重養生」，失業是「因為偷懶」，諸如此類的攻擊性言論都是由已有的社會條件孕育的。

努力到一定份兒上終於買到了房子，但在日本，房子的耐用年數短，因建材老化需要定期翻修。由於地震多發，一旦引起火災，房屋將化為灰。不論正式員工還是非正式員工，在這一點上大家都不容易，是「公平」的。沒有資本的貧困人群只能選擇與父母住在一起，最後把父母的年金吃個精光。

假如私營住宅的租金和公營住宅一樣，每月為 1−3 萬日元，結果如何呢？

租客不需要極度節儉，能夠享受個人愛好，還有存款用於結婚……腦中是不是浮現了許多具體的願望呢？我從得到我們幫助的老人口中聽到過這樣的話：「政府幫我們支付房租的話就輕鬆很多了。」在住房、醫療、護理等各方面分別進行補貼以給予必要的援助，這樣的制度實用性更高。或者以最低生活保障制度為基準，建立各個扶助項目的補貼制度。無論如何，不能再放任扶貧制度無序、不發揮作用的情況繼續發展了。

沖繩的最低工資僅 693 日元，然而女性人均生育數為 1.94 人，在日本居首位。這是因為沖繩有許多供人免費遊玩的街景、海景，生活開支低，結婚、生育的費用也一樣。房租高的都道府縣往往出生率低。如果能夠實現教育的無償化，消費情況應該能好轉，不向政府借獎學金也能繼續作研究。如此一來，社會將向前發展，創造動人的文化。社會保障的完善將帶來社會利益和生活富裕。

物價持續上漲，並沒有浪費卻依舊只能勉強度日，原因是日本的交通費、水電費、寬帶費、電話費等日常支出異常龐大。按理每天應該存下來的錢被耗油的汽車和其他生活成本吃掉了，人們的晚年慢慢地被捲入貧困的漩渦中。那漩渦就像最新型的洗衣機一樣，轉動起來沒有一點聲音，因此少有當事者能感受到貧困正悄然逼近。

建議3
以社會福利「去商品化」為目標

當今日本是建築業、房地產業和銀行聯合發展的產物,分配制度尚不完善。因此我們必須擴大社會保障的覆蓋範圍,使其惠及衣食住行等各個方面,加大社會資本的投入和整頓力度。

比如,國家可否保障公營住宅和社會福利住房的供給?過去經濟形勢不錯的時候,企業都有員工宿舍,做到了住宅保障。

再比如,日本是否可以學習歐洲,引入「房租補助制度」?或者是否能夠通過減少大學學費、補習班費用來減輕教育負擔?

第二次世界大戰後,日本長期實施針對老年人、殘疾人、單身母親家庭、兒童、失業者的扶貧政策。然而,是否可以考慮取消「月收入低於15萬日元」「非單身人士」「沒有車」等附加條件?

在歐洲,已經建立起覆蓋所有公民的社會保障制度的國家不在少數。比如說,法國按優先順序發放住房補貼,擴建低租金的公共住宅,針對提供住宅的企業實施減稅政策。這是基於「住房第一」(housing first)觀點——不論找工作還是育兒都必須先有住房——制定的政策。給年輕人提供住房可幫助他們

離開父母，建立自己的家庭。父母也能因此感到安心，可把退休金用到自己的生活上。讓人在一個地方扎根的最有效辦法就是提供起碼的住宅保障。

說到房子，人們認為那是花錢就能買到的，然而「住房第一」強調的是為小孩上學和交友提供保障的「家鄉」。人們能夠過上安穩的生活，有溫暖的居所，出生率自然就上去了。

每個國家的側重點不盡相同。繼續以法國為例，該國將「文化權」納入社會保障範疇，孩子超過 3 人的家庭，其成員進入文化設施時可享受優惠價，以保障公民接觸戲劇、美術、音樂等藝術的機會。

少子化的日本不再需要大規模公團[5]。在這個國家，空房多達 820 萬戶（總務部調查），出現了人口不斷減少、人家（房屋）卻不斷增多的畸形狀態。國土交通部終於在 2017 年年度財政預算申請中加入了房屋翻修、抗震強化的費用，以及滿足實際居住所需的具體費用。

若各地方自冶體能根據實際情況靈活調整住宅政策，就有望打造更多宜人居所。

從財務報表、股東分紅比例來看，當今企業不過

5　由政府或地方公共團體出資組建的經營特定公共事業的法人。

是通過削減人工費用來保證股東收益，以此製造盈利局面，勉強維持經營。

如果企業不停止縮減人工費，那麼國家就應該承擔一直以來由企業承擔的福利責任，為低收入公民提供生活保障。無論是企業的員工宿舍，還是房租補助制度，我們都希望這些制度以另外的形式再次出現。如果房租在 10 萬日元以上的人能享受 1 萬－2 萬日元的國家補貼，那麼他們每月都將有 10 萬日元左右的可支配收入。

總之，哪怕沒有存款，是單身人士，沒有年金，國家也應該保障這些人的生活。

如果福利不再由企業而是由國家來確保，那麼話題就離不開消費稅。在此，我還想展開包括各類稅制的內容廣泛的討論。政府應強化累進稅制，不論是低收入階層還是中間階層，人人都要繳稅，取之於民的稅款將以福利、教育、房租、水電費、光熱費用等形式用之於民，為國民提供基本的生活保障。

如果不設法阻止少子高齡化，即使經濟不斷發展，拚命工作的中產階級也將不堪重負，最終導致社會崩潰。在事態發展成這樣之前通過「去商品化」縮減社會支出是十分必要的。連這一點都做不到，遑論整頓空置房屋和加大教育投資。現今的日本社會可以說各個方面都存在漏洞，未來 10 年是成敗的關鍵。

日本 2 人以上家庭的平均存款額為 1078 萬日元，雖然與此前的 1209 萬日元（2016 年財務省《家庭金融行動相關輿論調查（2 人以上家庭）》）相比有所減少，但仍高居世界榜首，人們還有充足的繳稅空間。媒體所宣傳的晚年資產「不能少於 3000 萬日元」的言論，是沒有把醫療補貼、住宅補貼等社會保障考慮在內的假設。是時候停止煽動不安情緒、失敗地運用稅金、向外國資本家請求「捐助」了，用收稅的方式振興日本吧。不只是要求富裕階層和大企業繳稅，而是要拿出「我在繳稅，所以也請你繳稅吧」的態度。

不願繳稅的國民越多，社會保障就越不足。如果人們不敢為了生存冒險，又怎麼實現經濟增長所需要的革新呢？我不會批判國民吝嗇，因為政府對此負有責任 —— 不考慮國民的實際需求，盲目地建設了大量毫無用處的設施，失信於民，培養了反對稅率提高的意識和年收入 1000 萬日元仍不肯繳稅的劣根性。我們應該思考的不是這究竟是誰的錯誤，而是怎麼樣將大家團結起來，互相扶助。

優待女性、老年人是以降低男性收入為代價的想法是錯誤的。年輕人對老年人、男對女、健康的人對不健康的人等，將人群對立起來爭奪政策優待只會使經濟降溫。誰都會老。無論男女（包含性少數群體），在婚姻關係中，如果一方不幸福，另一方也會艱難度

日，孩子也會跟着不幸。我們的目標是建立一個人人都幸福的社會。

　　貧困不是一個人單打獨鬥就能戰勝的敵人，而是全體國民面對的勁敵。它讓各個階層、各個年代的人同病相憐。請全體國民直面問題，共同商討對策。

第 4 章
老年人的貧困

65 歲及以上的人口所佔比例反映了老齡化的程度。1970 年，在日本，該比例超過了 7%，標誌日本進入「老齡化社會」；1994 年，該比例超過了 14%，標誌日本進入「老齡社會」；2007 年，該比例超過了 21%，説明日本已經率先進入「超老齡社會」。（老齡化的定義來自世界衛生組織）

　　日本的貧困線是獨居者年收入 122 萬日元、兩口之家年收入 170 萬日元。在 65 歲及以上的老年人中，生活在貧困線以下的佔 18%（相對貧困率）。有數據顯示獨居者的貧困率達到了 40%－50%，約 700 萬老年人的生活水平仍在溫飽線上下徘徊，即使他們之中的一些人有少量存款。

　　如果説第 1 章至第 3 章討論的是有工作的「窮忙族」的貧困，那麼此章要講述的則是工作至今攢下了一些存款的老年人的貧困，他們是「在職和存款窮人」或者「坐吃山空的窮人」。老年人的生活變得困窘，這不僅導致消費水平的下降，還使日本的文化每況愈下。怎樣遏制這一局面？政府的數個解決策略實際上是否起了反作用？懷着這樣的擔憂，我們繼續進行研究。

案例 1
被遺棄在公園裡的男性認知症患者「山田太郎」

遺棄患有認知症的高齡父母等「護理殺人」事件頻頻發生，其中包括好不容易申請到低保金的家庭集體自殺。此類事件喚起了社會深切的理解與同情。這些企圖殺人並自殺的人即使被阻止，倖存下來，受審獲緩刑，也會一輩子背負着罪惡感吧。

迄今為止，我曾多次為被子女拋棄的老人提供保護。可以説，公園和路邊已經成為現代的「棄姥山」。

我還記得在某個冬日，我和民生委員一起幫助過一位在兒童公園的長椅上動彈不得的老人。他衣着整潔，顯然幾天前還在接受別人的照顧。患上認知症的人就連自己的姓名、住址都無法説出，他的家人正是在明白這一點的情況下選擇把他遺棄。

因為這位老人只會回答「山……」，所以他暫時被稱為「山田太郎先生」。最後，福祉科將山田接走並送到了養老院。

也有這樣的例子：一位老人走在路上，不斷問行人「我是誰」，路人報警説「有個人的樣子很奇怪」。

川崎市一位老人被稱為「川崎一郎先生」，他是在醫院門口被發現的。這樣的例子在日本各地不斷出現。這些老人的家人一直負責照顧他們，漸漸感到不堪重負，

於是使出了最終手段。

「棄老點」的衝擊

2000 年，日本開始實施護理保險制度，老年人護理機構應運而生。但有的老年人不願去養老院，寧願繼續接受家人的照顧。時至今日，家人不得不挑起護理重擔的例子仍然比比皆是。在經濟與精神的雙重壓力之下，一些人為了讓自己的生活得到保障，不得不拋棄家裡的老人。

我們一直強調：「如果到了無論如何都得捨棄老人的地步，請合法地放手。如果向 NPO、行政機構和諮詢機構求助的話，我們會施以援手。總而言之，請不要把老人丟棄在路邊。」

前幾天，一位 50 來歲的女士前來諮詢。她為了照顧老人辭職，目前母親已經去世，88 歲的父親患上了認知症，幾乎喪失了自己排泄和洗澡的能力，符合護理 4 級的情況。然而，父親還常常將她錯認成母親，對她使用暴力，並揚言只接受女兒的照顧，一直拒絕養老院與護士的照料。

「我已經產生了把他丟棄在公園裡的想法，我甚至想刺他一刀，已經忍不下去了。」

山田太郎先生也是在相同情況下被丟棄的嗎？好在

這位前來諮詢的女士並沒有真的遺棄她的父親。

「您一直努力到了現在,已經做得很好了。」當我這麼說時,她大哭出聲,是真的累了吧。

我們辦了手續,讓她的父親住進了養老院,而她本人則接受了抑鬱症治療。如果沒有第三方介入的話,事情會發展成集體自殺事件也不奇怪。

日本經濟停滯的 20 年過去了,團塊二代已經年過四十,他們的雙親也快成為後期高齡者。18% 的老年人處於相對貧困狀態,16.8% 處於無儲蓄狀態。在如今的社會,老年人和年輕人隨時可能一起倒下。如果我們不構建新的互相扶持的機制,「合法的棄老點」將隨處可見。

在令人雀躍的東京奧運會之後
到來的「2025 問題」

我在 2015 年出版《下游老人》,就是為了把日本社會正在大量產生「下游老人」的悲慘狀況傳達給民生事業的一線。這得到了媒體的關注,報紙、雜誌和有影響力的電視節目相繼報道。這本書聚焦於失去了家人和存款、走投無路的老人們。「下游老人」一詞獲得 2015 年「新語及流行語大獎」提名。

在這種情況下,相繼出現了「明明老年人看起來是

悠閒自得的」「我之前一直以為老年人都很有錢」等諸如此類的聲音。書評裡也出現了「意外」一詞。但是，內閣府在《2012年男女共同參與白皮書》的第一節「老年人的狀況等」中公佈：65歲及以上的人群中，單身男性的相對貧困率為28.7%，單身女性的相對貧困率為46.6%。[以厚生勞動省《2010年國民生活基礎調查》為基礎，來自「男女共同參與會議」基本問題和影響專門調查委員會女性與經濟工作組（阿部彩委員）所作的特別統計。]在很多研究者看來，老年人的貧困是顯著的、眾所周知的。

早在「下游老人」被提名為新詞及流行語的5年前，日本3200萬老年人之中就已有大約六分之一的人處於貧困狀態。超市的收銀台前有提着一筐臨期食品排隊的老人。不知道你周圍是否有住在垃圾房、散發惡臭的「傳說中的孤獨老人」，如果見到了，你大概也只會說「我之前一直以為老年人都很有錢」或「我以後可不想變成這樣」。

動畫片《櫻桃小丸子》、家庭電子遊戲機和太空旅行遊戲大熱的1990年，日本沉醉於泡沫經濟。1970年代的國民動畫《海螺小姐》表現的是當時的平民生活，《櫻桃小丸子》講述的是作者孩提時期的故事，背景也是1970年代。充滿朝氣的孩子折騰着大人，這種三代同堂的家庭已成過去式。實際上，報告顯示日本出生率下

降至令人震驚的 1.57，銀行大合併和日本的產業結構轉型也發生在 1990 年。因為已經在懸崖邊上，所以才儘量不往下看，而是邊唱邊跳《大家來跳舞》。這也與九成日本國民都堅信「自己是中層階級」的情況相似。

我曾遇到的一位老人，因為交不起水電費，明明每天都想泡個熱水澡，卻只能一個月泡一兩回，明顯需要幫助。但就連這位老人都認為「我一個月能洗上一次熱水澡，所以我是中層階級」。

說得好聽點是「自豪地過着清貧的生活」，但事實上這樣的生活往往是不如意的。「老有所養」的前提是醫療的發展，以及預防醫學、護理預防的普及。

2016 年 9 月 13 日，在「敬老日」之前，厚生勞動省發佈：本年度 100 歲以上人口比 2015 年增加了 4124 人，達到了 65692 人（數據基於居民基本台賬）。報告還提到，日本男性和女性的平均壽命分別是 80.5 歲和 86.8 歲（2016 年世界衛生統計）。但與此同時，2013 年的計算結果顯示，日本男性和女性的「健康壽命」分別是 71.19 歲和 74.21 歲，比平均壽命短大約 10 歲。也就是說，老人對醫療與護理的依賴要持續大約 10 年。

實際上，根據 2016 年版《老齡社會白皮書》，就 65 歲及以上老年人的健康狀況來看，2013 年，每千人中近期因疾病和受傷而自我感覺有病症的人數（不含住院者）是 466.1，也就是說近半數的人都感覺自己有某種

病症。在 65 歲及以上認知症患者人數與患病率的預測方面，2012 年認知症患者人數是 462 萬，即每 7 人中有 1 人患病（患病率 15.0%）；預計 2025 年患者人數會上升到約 700 萬人，也就是說每 5 人中就有 1 人患認知症。與《櫻桃小丸子》大熱的泡沫經濟時代相似的現象，正通過 2020 年東京奧運會再現。雖然存在會場轉移之類的問題，但新聞報道展現的仍是一片繁榮，日本或許會再次舉國歡騰。而 5 年之後，也就是 2025 年，日本獨居老人家庭數將達到 680 萬，約佔全國家庭數的 37%。

圖表 4-1　健康壽命與平均壽命

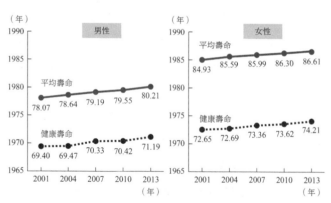

參考資料：平均壽命：2001 年、2004 年、2007 年、2013 年厚生勞動省《簡易生命表》，2010 年《完全生命表》；健康壽命：2001 年、2004 年、2007 年、2010 年厚生勞動省科學研究費補助金項目《關於健康壽命預測和生活習慣病防治措施、費用、效果的研究》，2013 年厚生勞動省《國民生活基礎調查》。
出處：2016 年版《老齡社會白皮書》

預計到 2025 年，迎來 75 歲高齡的團塊世代中，認知症患者將達到約 320 萬人。醫療費與社保費應該會爆炸式增長，令人懷疑屆時還在工作的人是否能夠擔負得起巨額社保費。那時將有老年人不得不做兩三份工作來養活自己，即便得了認知症也會為了繼續工作而隱瞞病情。就算想尋求幫助，周圍也都是和自己一樣的老年人 —— 如果連送他們進養老院的人都沒有，那麼他們是不是只能自己前往「棄老點」？

圖表 4-2　社會保障給付與繳納現狀（2014 年度預算基準）

社會保障給付費2014年度（預算基準）115.2萬億日元（佔GDP的23.0%）

【給付】
社會保障給付費

| 年金56.0萬億日元（48.6%）（佔GDP的11.2%） | 醫療37.0萬億日元（32.1%）（佔GDP的7.4%） | 福利和其他22.2萬億日元（19.3%）（佔GDP的4.4%） |

家庭護理9.5萬億日元（8.3%）（佔GDP的1.9%）
育兒5.3萬億日元（4.6%）（佔GDP的1.1%）

【繳納】

| 保險費64.1萬億日元（59.9%） | | 稅和公債42.9萬億日元（40.1%） | |
| 被保險人繳費34.4萬億日元（32.1%） | 僱主繳費29.7萬億日元（27.8%） | 國家31.1萬億日元（29.0%） | 地方11.9萬億日元（11.1%） |

通過公積金等獲得的收入

各制度規定應承擔的保險金

國家與社會保障相關的支出（一般會計）*2014年度預算中與社會保障相關的支出為30.5萬億日元（佔一般支出的54.0%）

都道府縣市町村（一般財源）

註：除此以外，資產收益也是社會保障給付費的來源。
出處：參考厚生勞動省《社會保障制度改革面面觀》製作而成。

「下游老人」數量持續上升的原因

在《下游老人：一億人老後崩壞的衝擊》一書中，我把「下游老人」定義為「相當於要依靠最低生活保障金生活及面臨此風險的 65 歲及以上老人」。他們的貧困問題，可以說是前三章中所講問題濃縮之後的爆發。

圖表 4-3　國民醫療費的變化

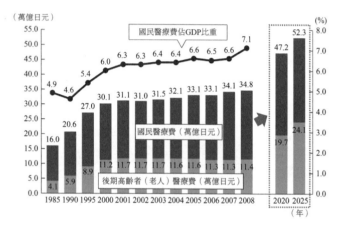

出處：總務省《ICT 超高齡社會構想會議報告書》，厚生勞動白皮書（2012 年），厚生勞動省醫療費等的未來預測及財政影響估算（2010 年 10 月）。

一位不接受護理服務就無法生活的符合護理 4 級情況的女性，由於只從事過非正式雇傭的工作，能支取的年金很少，只能接受護理 1 級的服務。工作時由於過度勞累而得了生活習慣病的人，為了節省醫療費而儘量減少就診和服藥次數。在消愁解悶方面，收入越低的人

越傾向於將興趣愛好「攢」起來，就連免費的社區活動也不參加。少了散步等活動，病後的康復治療也顯效果不足。

從不遊手好閒，一直辛勤工作的老年人被逼迫到如此境地，有如下一些原因。

老年人陷入貧困的社會原因

①小家庭化。家庭成員越多，人均生活費越低。

②由於過度尊重隱私等原因，遇到困難互相幫助的精神逐漸淡化。

③人生高齡期延長化。老人就算作好了生活規劃，也會有因認知症而忘記的情況。

④供養長期閉門不出或因被黑心企業利用而事業受挫的子女。大多數情況下，當子女的年收入不足 200 萬日元時，父母就不得不援助他們。

⑤年金的減少、各種保險費及稅收的增加等，社會保障的弱化。約 700 萬 65 歲及以上老年人將迎來「人生 100 年時代」，而年金已不足以支撐他們度過整個晚年。

老年人陷入貧困的個人原因

①在職時收入低，或曾因為照顧老人離職，在此期間無收入，這些情況會導致沒有年金或年金偏低。

②不了解相關制度。許多人沒能獲取各種救濟措施

的相關信息，我們將在第 5 章介紹。這也與宣傳不足這一「社會原因」有關。

例如，一位 60 多歲的男性突發心肌梗塞，花了 3000 萬日元的退休金做手術和住院。他不知道有可以報銷高額醫療費的制度。

③老年人的工作受到非正式雇傭和低薪的限制，某些地區的老人甚至連工作機會都沒有。

每個人都會隨着年老變得多病，並經歷友人的相繼離世。自拙作《下游老人：一億人老後崩壞的衝擊》在 2015 年出版以來，社會狀況時刻發生着變化，為老年生活作心理準備和實際安排的人多了起來。最近，研究援助制度的老人也變多了。

即便如此，「如果生病了的話⋯⋯」「如果這筆錢被偷了的話⋯⋯」，諸如此類的擔憂是不會停止的。「夜裡會突然不安到流下眼淚⋯⋯」，2016 年年初以來，此類諮詢的數量呈爆炸式增長。

案例 2
「有 600 萬日元的積蓄還是難以安心」，
照顧患認知症妻子的 78 歲男子

「真的很不安。現在雖然還算過得去，但沒有更好

的辦法嗎？」與妻子相依為命的三澤清（化名，78 歲）先生在電話裡問道。他的妻子已經 84 歲，患認知症，病情日漸嚴重。

圖表 4-4　家庭構成的變化及預測

單人家庭、獨居老人家庭及單親家庭都呈增多趨勢。預計單人家庭的比例將在 2035 年達到四成。[家庭總數約 5184 萬戶（2010 年）]

實際值（國勢調查）
2013 年預測值（未來日本家庭數量預測）

37.2% 每 3 戶中 1 戶
36.5%
35.6%
34.4%
33.3%
32.4%
29.5%
27.6%
25.6%
23.1%
20.8% 每 5 戶中 1 戶
單人家庭

獨居老人家庭
15.4% 每 7 戶中 1 戶
14.2%
13.4%
12.6%
11.4%
9.6%
8.4%
7.6%
7.1% 每 16 戶中 1 戶
6.8%
6.3%
11.4% 每 9 戶中 1 戶
11.1%
10.6%
10.1%
9.4%
8.7%
7.9%
6.5%
5.0%
4.0%
3.1% 每 33 戶中 1 戶
單親家庭

1985 1990 1995 2000 2005 2010 2015 2020 2025 2030 2035（年）

註：戶主年齡在 65 歲以上即被視為老年人家庭。
出處：總務省統計局《國勢調查》（人口普查），國立社會保障和人口問題研究所《未來日本家庭數量預測（2013 年 1 月）》

妻子雖然沒有病到做不了家務的程度，但是有時出門後找不到回家的路，會在離家一小時電車路程甚至更遠的地方被警察收容。為了確保妻子能安全回家，三澤必須在她出門購物時同行。

「兩個人每月的年金加起來大概有 23 萬日元吧，是

的，還算不錯。但我最近腰腿越來越不好了，這樣沒完沒了的，有時候每個月要去派出所接她好幾次，想到今後就感到力不從心。我該怎麼辦啊？」

我們進一步了解到，三澤有大約 600 萬日元的存款。每逢盂蘭盆節和年底，兒子們都來相聚，雖然相處不是很融洽，但也沒有斷了聯繫。孩子們都能自力更生，夫妻二人可以沒有後顧之憂地去旅行。可即便如此，三澤還是會不停地擔心「準備還是不夠充分吧？」

「沒想到會變成這個樣子，準備了這麼多，感覺還是行不通。」

「不會行不通，放心吧，您已經準備得很好了。」

即便被人如此安慰，他還是認為自己的不安是「沒有作好充分的準備」導致的。

把年輕歲月都用來「為養老作準備」是極大的浪費。歐洲國家的情況與日本大相徑庭。在法國等國家，年輕時為育兒和工作忙碌的人，進入老年就像得到了解放，盡情享受生命的精彩。因為社會保障制度優厚，個人或家庭不會像在日本一樣背負護理和醫療重擔。

在不是福利國家的日本，「二戰」前像農村社會一樣，人們靠同鄉關係、集體和互助的方式養老，戰後則由支撐經濟高速發展的企業來解決年金問題，所以相關制度極不完善。類似的公民要靠自己的努力來養老的國家還包括美國和韓國。在這些國家，保險產品往往暢

銷，日本則名列前茅。

三澤就是在這種國家生活的國民的典型。因日曬、飢餓等本來無需忍受的遭遇而悔恨「是自己遭了報應」，這樣的國民性在 21 世紀仍然存在。

三澤的妻子雖然偶爾不知道自己是誰，但是她腿腳方便，意識也很清晰，接受護理認定也基本是 1 級或 2 級的情況。

「我覺得現在的護理級別應該不會達到 3 級，這樣的話要怎麼申請進入特別養護老人院呢？」

「特別養護老人院啊⋯⋯」

特別養護老人院是只需支付低額費用就能入住的公營護理設施。從 2015 年 4 月 1 日起，入住標準被修改為「原則上護理級別要在 3 級以上」。三澤在電視上看到相關新聞後，就給我打了電話。從三澤夫婦的生活水平來看，每月支付 5－8 萬日元入住特別養護老人院是不成問題的。但是護理 1 級或 2 級的老人，只能去收費老人院、低收費養老院或者護理老人保健設施，無論哪一種，稍微貴一點每月收費就會接近 20 萬日元，600 萬的積蓄很快就會被耗光。

現階段並沒有與三澤的情況相符的福利制度。當妻子的護理變得棘手，存款也消耗殆盡的時候，他還可以申請最低生活保障。研究過宣傳手冊的三澤當然是知道這一點的。

「但是，我唯獨不想接受最低生活保障，沒有現在就用得上的政策嗎？」

援助越來越少，負擔越來越重

在這次的案例中，我們幫助當事人申請了護理保險。在向地區綜合支援中心的護理主管諮詢了之後，結果如三澤所料，護理級別被認定為 2 級。護理人員接受三澤的委託，每週提供三次上門服務。為了不讓三澤累倒，護理人員還向他介紹了可以在護理中心短期居住的暫住護理服務（short stay），總算是突破了難關。

衰老不是睡一覺就好的小感冒，認知症可能一天天變嚴重。人人都會與衰老的焦慮作鬥爭，然而已經開始的制度改革卻讓焦慮更嚴重。歸根結底，援助的削減像勒着脖子的線一樣越收越緊，使老年人不得不焦慮。對於生性多慮的日本人來說，悄悄告訴他們「國家不會再照顧你們了，自己作好準備吧」，無異於在傷口上撒鹽。

① 2013 年 8 月－2015 年，降低對接受最低生活保障者的生活補助基準

從 2013 年起階段性實施，三年間生活補貼削減比例最大時達到了 10%。此後就算是接受最低生活保障的人，也會不斷諮詢伙食費或生活費不夠的問題。

② 2015 年 7 月,降低對接受最低生活保障者的租房補貼金額(住房補助上限)

在全國削減額度最大的埼玉縣自治體中,川越市一人家庭的削減額為 1.1 萬日元,二線城市(越谷市、熊谷市等)二人家庭削減額為 1 萬日元,三線城市(久喜市、鴻巢市等)二人家庭削減額為 9900 日元。在埼玉市,一人家庭的削減額為 2700 日元,二人家庭的削減額為 8000 日元,三至五人家庭的削減額為 3000 日元。

二人家庭中的老年家庭及單身母親家庭深受影響,諮詢電話接連不斷。要知道,供貧困者租住的廉價公寓原本就很少。

③ 2015 年 8 月,修改護理保險制度

達到一定收入水平的人(單身,每年年金收入超過 280 萬日元)的自費比例從一成上調至兩成(厚生勞動省正在考慮把年金收入達到 383 萬日元者的自費比例上調至三成)。一如既往,有很多老人抱怨護理負擔太重。

④ 2016 年 11 月,70 歲及以上老人醫療費自費比例上調(2017 年開始進行重新評估)

在高額療養費制度下,每月自費金額的上限由收入水平決定。制度規定超過上限的部分由公共醫療保險等承擔。雖然 70 歲及以上的人比 70 歲以下的人醫療負擔

重，自費金額上限更低，但是政府為了抑制今後社會保險費用的上漲，在收入與勞動年齡人口相當的人之上，又增加了約 1243 萬年收入不足 370 萬日元的人，作為上調自費比例的對象。從 2017 年 8 月開始依次進行評估。

⑤ 2016 年 12 月 14 日，通過國民年金法修正案（從 2021 年開始施行）

安倍政府曾表示老年人的年金「能達到在職時期收入的一半」，但「因為現在的年金水平較高，達到了在職人員收入的六成以上，恐怕未來的年金水平會有所下降」。對此，政府將從 2021 年度開始實行新的規定，按照在職人員的工資下降幅度減少年金給付額。

具體來説，從 2021 年度開始，即使物價上漲，只要在職人員的工資水平下降，就要按照工資的減少幅度減少年金給付額度。自 2018 年度起，政府將加強「宏觀經濟下滑機制」，將每年年金的增長幅度控制在相較工資、物價漲幅低 1% 的水平。

民進黨、共產黨等黨派在參議院全體會議上對國民年金法修正案進行了批判，稱其為「年金削減法案」，以現年金受領者將難以維持生計為由表示反對。自民黨、公明黨、日本維新會等黨派則以「為後代着想」為由表示支持。最終，會議以多數贊成通過了修正案。這些黨

派人士似乎只在對自己有利的場合才會為年輕人着想。若真心誠意為後代人的生活考慮，不如效仿意大利和法國，建立讓老人能安享晚年的完備的社會保障制度。如果現在的老人只會讓人產生「我以後可不想變成那樣的人」的想法，那麼年輕人就只能拼命攢錢為養老作準備。

在我身邊，像苦行僧一般的學生越來越多。政府站在勞動年齡人口的立場，提出「計劃將未來的年金給付額度提高約 7%（每月 5000 日元左右）」。對此，眾議員井坂信彥指出：「為了把現勞動年齡人口的每月年金給付額度提高 5000 日元，需要把過去 10 年的年金縮減額以 4.2% 的投資收益率運轉 20 年，收回 2.3 倍的本金。」這還是在經濟景氣的前提下所作的推算，究竟能在多大程度上付諸實踐是十分令人懷疑的。

除修正案的內容本身之外，政府失信於國民的最主要原因，在於沒有切實履行説明義務。這使人們產生了一種「就算按時交年金保險，老後也過不上好日子」的不信任感。而把國民年金法修正案與賭場法案一同審議，倉促地進行表決，則怎麼看都像渾水摸魚。畢竟相較於年金，賭場更有話題性，各路媒體紛紛對其進行報道，國民的目光自然聚焦於賭場法案而非年金問題上。

2016 年 11 月 25 日，我應眾議院厚生勞動委員要求，作為參考人對國民年金法修正案提出反對意見。老年人相對貧困率較高，修正案勢必會對低收入者和低年

金受領者的生活產生巨大衝擊。以一對 70 多歲的夫婦為例，兩人一個月的年金收入為 9 萬日元，即便省吃儉用，也需要靠丈夫送報紙賺外快才能勉強度日。如果年金給付額進一步減少，那麼為了維持生計，他不就得送更多報紙？同時，自殺、全家自殺、護理殺人等惡劣事件的發生率也會上升。削減年金對未來的影響是不可估量的。

雖然我從委員會拿到了一些資料，也進行了相關探討，但關於削減年金這一做法的依據，厚生勞動省卻沒能給我一個合理的解釋。

從藝人家屬領取
最低生活保障金事件說起

也有人指出，就算因為年金削減而生活窘迫，「不是還有最低生活保障金嗎？」從厚生勞動省 2016 年 12 月公佈的數據來看，全日本正在接受最低生活保障的家庭共有 1636902 戶，創近年來最高紀錄；其中 65 歲及以上老年人的家庭為 835402 戶，同樣為近年來的最高水平。

如果能全面貫徹最低生活保障制度，向貧困者發放補助金，使其每月生活費能達到「最低生活保障基準」，那麼用「要依靠最低生活保障金生活」定義「下游老人」

便可，沒必要加上「相當於」。之所以加上這三個字，是因為有 600 萬以上人口達到了受領標準卻無法接受（無意接受）最低生活保障。

和案例 2 中的三澤一樣無論如何都不願意接受最低生活保障的人，在各個年代都大量存在着。三澤至少對最低生活保障制度的說明書等資料進行了研究，另外一些人甚至連說明都不願意聽，直接拒絕道：「決不接受最低生活保障。」「最低生活保障」已然被污名化，讓人聽之便出於本能般地抗拒。我想這與 2012 年的「那個事件」是有關係的。

具有贍養能力的某藝人被曝光其母長期領取最低生活保障金，引發了一連串關於「非法領取」的報道。最低生活保障申請者需要接受年收入、家屬的贍養能力、有無資產等調查，不符合相關條件的人蒙混過關，導致所有接受最低生活保障的人都被投以懷疑的目光。隨着電視、週刊等媒體的報道不斷擴大該事件的影響，連議員們都被動搖，導致了該法自 1950 年頒佈以來的首次修訂。修訂內容包括強化對最低生活保障申領者的調查，要求申領人提交必要文件（特殊情況可採用口頭陳述）。這一做法使得申請者儼然從「被救濟對象」變成了「被監視對象。」

原本建立最低生活保障制度的初衷，是讓生活困窘的人可以到窗口求助。然而，這種「性善說」已經向「性

惡論」轉變──生活放蕩的人想到還可以申請最低生活保障，不至於活不下去，便將錯就錯；換句話說，「領最低生活保障金的都不是好人」。明明急需救濟，卻要接受長時間的審查，遲遲拿不到補助，或者申請受到阻撓，這樣的案例屢見不鮮。

最低生活保障基準的持續小額度下調，想必也是政府在響應國民對最低生活保障制度的質疑。從結果來看，生活扶助基準的下調讓人擔心即便接受最低生活保障，也無法過上日本憲法第 25 條所規定的「健康又文明的最低限度生活」。

極少數的最低生活保障申領者被迫將國家告上法庭，提出「不要降低最低生活保障基準」的訴求。不過採取該行動的終究只是極其有限的一小部分人，絕大多數人都選擇忍氣吞聲。在「沒體力幹活，倒是有體力打官司」之類的刺耳的批判聲中，他們驚恐地保持沉默。

案例 3
接受最低生活保障後自殺的 72 歲老人

我們向來到 hotplus 的火田進一（化名，72 歲）再三解釋道：「這並不是一個丟人的制度。因為火田先生您單靠年金生活是有點困難的，所以我們建議您接受最

低生活保障。」

「還是挺丟人的。要讓我靠最低生活保障過日子，還不如死了算了。反正人終歸是要死的嘛。」

「可是……」

「除了最低生活保障就沒有別的方法了嗎？比如向銀行借錢之類的？」

「您沒有收入，恐怕會有些困難。」

「那高利貸呢？」

我們花了整整一週時間才說服他接受最低生活保障。那時正值某藝人的母親領取最低生活保障被曝光，輿論譁然，批判之聲高漲。在火田先生看來，最低生活保障是只有不自立、怠惰、無計劃的人才會申請的補助，所以無論如何也不願意接受。

「真的不好意思，我實在沒想到自己會變得這麼不中用。是我自己不好。」

火田年輕的時候工作十分勤懇，收入也有不少，然而只在很短的一段時間裡繳納了年金保險。他退休之後，儲蓄漸漸用完了。日本就是這樣一個老後也要有資本才能過上正常生活的國家。

「別無他法，您就跟我去一趟市政府吧。」

「哎，還是算了吧。肯定有別的方法。」

「真的沒有了。」

好在最後我成功說服火田先生去市政府提交了申請

材料。窗口工作人員對 72 歲的火田先生説了句「還好您沒有太勉強自己」。這是很溫暖的話。如果申請者是年輕人，倒有可能被調侃「你還能工作的吧」。

「實在對不住，我一定儘快找到工作。」

「沒關係，您現在安心生活就好，用不着找工作。況且年過 70，也很難找到工作了吧。」

「對不起，對不起。太謝謝你們了。」火田先生流着淚説道。

這件事本應該算是順利解決了，但是 8 個月後，市政府突然聯繫了我。火田先生投水自盡，被送到醫院了。他留了一封遺書在住所。

「對不起，都這把年紀了還需要國家照顧。了無積蓄，就用命來還吧。」

火田先生昏迷了一段時間，最後還是離開了人世。

用 10 萬日元的叩拜宣告終結的人生

火田先生別無長物，也沒有積蓄，因此他的葬禮形式是「直葬」。既沒有請僧侶，也沒有花幾十萬日元買戒名。要價低的喪葬公司直接將火田先生的遺體送往了火葬場。「葬祭扶助」也是最低生活保障的內容之一。

這樣的案例在一定程度上改變了我關於最低生活保障制度的看法。雖然火田先生沒有堅持繳納年金保險費，

但他的消費行為沒有停止，同時也在繳納房租。也就是說，他繳納了幾十年的消費稅。非籌資型最低生活保障制度的資金 100% 來自於稅收。因此，火田先生完全可以將領取最低生活保障金理解為對自己繳稅的回報。

如果還是因為受了「恩賜」而良心不安，不如乾脆把最低生活保障「保險化」。比如說，每個月繳納 100 日元，哪怕只是裝樣子，也會讓人在接受最低生活保障時有「享受應有服務」的權利意識，從而坦然領取補助金。

按理來說，扶貧制度是不需要申領者繳納費用的，非籌資型發放是重要原則。然而，貧困已經被歪曲、歧視、批判到如此程度，為了防止更多孤獨死、餓死事件發生，我們只能下定決定商討出更好的政策。在不尋常的國家建立不尋常的社會保障制度，不是更可行嗎？

「直葬」是一種簡單的喪葬形式，適合像火田先生一樣親友已先去世的、無依無靠的人。日本進入「多死社會」後，喪葬場需要排隊一週是很常見的。每逢夏天，還需要用乾冰來給排隊的棺木降溫。

「不要棺和墓，把我的骨灰撒到海裡」，這樣的遺言越來越多。這是出於不想給家人添麻煩的想法嗎？檀越和寺廟文化，以及紅白喜事的慣例逐漸失去其必要性。擁有死後供家人齊聚參拜的墳墓將漸漸成為高收入者的特權。說起來，我結婚的時候，就有幾位朋友因為掏不

出三萬日元的禮金而沒有參加婚禮。由於貧困，我們將失去的不僅僅是喪葬文化，而是婚喪嫁娶的文化。人與人的交集逐漸變淡，這是一個讓人孤單地活着、孤單地死去的社會。悲痛的親友送別亡者的葬禮，收穫眾多祝福的結婚生子，都將逐漸成為歷史。

　　Hotplus 組織的活動包括用與最低生活保障金相當的錢幫辦喪事 —— 舉行叩拜和目送死者離開的儀式，所需費用約 10.5 萬日元。最終這筆錢由國家或自治體承擔。申請基於最低生活保障法的喪祭扶助的人逐年增加。據厚生勞動省統計，2013 年度全國每月平均約有 3200 戶家庭使用該項扶助，是 2004 年度的 1.5 倍。

救援不到位導致的更大災難

　　「早點到這裡來就好了。」

　　在我們援助的老年人中有不少人這樣説。當然，除了 hotplus 以外，全國各地都有非營利扶貧機構。雖然網絡上有很多相關介紹，但是如今的重要課題是如何將信息傳達給不使用網絡的老年人。

　　2015 年 6 月發生的新幹線火災，就是任何 NPO 都不能挽救的事故之一。6 月 30 日白天，在東海道新幹線的列車車廂內，一名 71 歲的男性在身上淋汽油後點火自焚。這是一起將周圍乘客捲入其中的自殺事件，造

成了嚴重的人員傷亡。

據報道，該男子從日本東北地區來東京，曾做過流浪歌手和公交車司機，連續繳納國民年金和厚生年金保險 35 年。即便工作不穩定，他每月仍如期繳費，想必是明白，舉目無親、沒在大企業任職的自己只能靠年金養老。據說他工作態度十分認真，也從未拖欠過房租。

該男子退休後的年金是兩個月發放一次，每次 24 萬日元，即每月 12 萬日元。因為厚生年金是由在職期間的酬勞比例決定的，所以從中可以看出他一生都從事着低收入工作。

2015 年，該男子居住的東京都杉並區的最低生活保障基準為 144430 日元（生活補助 74630 日元，住房補助 69800 日元）。雖然還必須參考資產狀況和其他因素，但是接受最低生活保障的人不用繳國民健康保險及居民稅。也就是説，儘管該男性加入了年金保險，但是真正到了要靠年金生活的年齡，因為要繳上述兩筆費用，他的生活水平是低於最低生活保障基準的。聽説他曾去區政府放話説「我要自殺給你們看」，卻被員工反駁道「您真的有這個覺悟嗎？」；給議員打電話訴説過生活的難處；似乎曾哀歎，繳了國民健康保險和居民稅之後，生活費僅剩 6 萬日元。如果是真的，很難想像他是如何靠 6 萬日元生活的。據説他曾在超市買酒，説「沒有這個就睡不着啊」。最後連回收空瓶罐的工作也做不

下去了，好像得了抑鬱症。

如果區政府的員工向該男子介紹最低生活保障及生活貧困者援助制度，並帶他到福祉科，那麼他也許能領取與最低生活保障基準相差的那部分補貼，並享受相應的減免政策。最低生活保障不只是發放補貼，也發放物資。然而，一些「需要保護的人」仍因不知道有這種制度而無助地過着艱辛的生活。我忍不住想，這種「你不問我就不告訴你」的申請制度是帶有惡意的。

受到新幹線火災事件的影響，國家要求國土交通省和 JR（日本鐵路公司）共同完善防災對策和恐怖襲擊對策。防止事故再次發生固然重要，但還是希望政府同時能明確提出應對貧困的對策，向需要最低生活保障的老年人宣傳援助制度的存在。

不要讓令人懊悔的悲劇重演。

案例 4
「在我死之前，請一直雇用我」，
靠遺屬年金生活的 74 歲女性的祈禱

「沒有錢的人，壽命比較短哦。」

二宮光子（化名，74 歲）直言不諱。3 年前丈夫去世後，她獨自住在出租屋裡。「沒有錢的人」似乎是和

二宮太太一起打門球的鄰居，因為她自己每月的遺屬年金和打工賺的錢加起來有 24 萬日元，日子還算好過。

「朋友去世之後，自己也會感到不安……工作上也漸漸力不從心，想辭職了。到時候，是不是有甚麼制度可以保障我的生活？」雖然二宮太太自己的生活水平尚可，但是她身邊的「下游老人」相繼離世，這讓她感到孤獨。況且，12 萬日元的遺屬年金在她付完房租、水電費、醫療費以及護理保險費之後所剩不多。孫子來玩的時候至少想要給他些零花錢，敬老會的旅行也想參加。所以，為了讓手頭寬裕一些，她兼職做時薪 900 日元的清潔工，工作地點在最注重衛生的醫院，一幹就是 5 年。

二宮太太雖說腰腿不太好，但是並沒有花大筆的醫藥費。因為她還有 50 萬日元的存款，且不需要護理，所以不符合最低生活保障的申請條件。但她至少可以嘗試每個月節省 4 萬日元的房租。我們向她推薦了搬到公營住宅居住的方案，在她同意後辦好了手續。在日本，辦這樣的手續也是需要申請的，而且需要老年人親自去辦。我們僅能從旁協助。

「沒關係，我已經拜託過醫院的各位醫生了，對他們說，在我死之前請一直雇用我。」

二宮太太看起來放心了一些，笑着說道。

無論是在旅館還是運動俱樂部，我經常看到一些老

年人打掃衛生的身影。既然能長期在醫院工作，我想二宮太太一定是位優秀的清潔工。

建議 4
職員都是社長，關注「協同勞動」！

《老年人經濟生活相關意識調查》（內閣府）顯示，關於工作原因，60 歲以上受訪者回答「賺取生活費」的最多，2011 年佔 59.1%，比 2001 年的 52.2% 多出了 6.9 個百分點。今後在保潔、房屋綜合性管理、搬運、安保、賣報、交通運輸等行業中，老年人的身影應該會越來越常見吧。一方面，年金不足以維持生計的老人需要工作；另一方面，這些行業長期人手匱乏，但非正式雇傭不能吸引想做穩定工作和提升技能的年輕人。容易發生工傷事故也是這些行業所共有的缺點。總之，它們主要吸收老年人為勞動力。鑑於沒有 60 歲以上的老年人就沒法運轉的公司越來越多，我們希望企業能提高工作的安全性。

即便企業在安全問題上考慮周全，老年人由於年邁而放棄工作的情況也是存在的。此外，也有人認為保潔、送貨、售貨等常規工作在未來 10－20 年內會被機器人取代。用無人駕駛的汽車送快遞（AI 勞動）

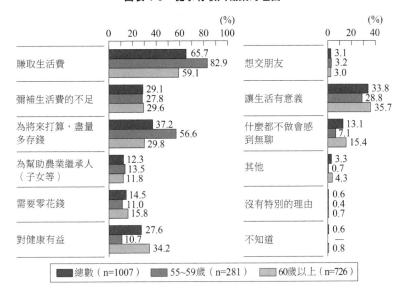

圖表 4-5　從事有收入職業的理由

	(%)			(%)
	0 20 40 60 80 100			0 20 40
賺取生活費	65.7 / 82.9 / 59.1	想交朋友	3.1 / 3.2 / 3.0	
彌補生活費的不足	29.1 / 27.8 / 29.6	讓生活有意義	33.8 / 28.8 / 35.7	
為將來打算，盡量多存錢	37.2 / 56.6 / 29.8	什麼都不做會感到無聊	13.1 / 7.1 / 15.4	
為幫助農業繼承人（子女等）	12.3 / 13.5 / 11.8	其他	3.3 / 0.7 / 4.3	
需要零花錢	14.5 / 11.0 / 15.8	沒有特別的理由	0.6 / 0.4 / 0.7	
對健康有益	27.6 / 10.7 / 34.2	不知道	0.6 / 0.8	

■ 總數（n=1007）　▨ 55~59歲（n=281）　▢ 60歲以上（n=726）

出處：內閣府《2011年度老年人經濟生活相關意識調查》

的日子應該也不遠了。不同於必須在規定時間內最大
限度完成工作的時薪制度，每週工作五天或者三天，
或者只在早上工作，像務農一樣按照自己的節奏勞
動，這不就是政府所提倡的工作方式改革嗎？

　　一種名為「合作化勞動」的新型工作形式在國外
備受關注。所有人共同參與經營，創造對人和地區都
有用的工作崗位，使各人能夠發揮自身的長處。在這
種情況下，沒有人認為「欣然接受加班」是一種美德。
說到工作形式，人們很容易認為就是被企業雇用，但

是在合作化勞動模式中，人人都是社長，是投資人，也是勞動者。日本也有老人合夥投資辦「路邊休息站」出售當地特產的成功例子。

「與其說是被雇用，我更覺得這就是我自己的店，是我們自己在想辦法把商品賣出去。」員工的話引起了人們的注意。尤其是對於那些在黑心商家的壓榨下身心俱疲的年輕人，這樣的工作環境能夠幫助他們找回初心。

護理行業長期人員不足，不同護理企業聯合建立了護理事務所，共同分擔護理任務。當然，為了維護和推進協同勞動，制定規則是必要的。在國外，西班牙的合作化勞動組織——蒙德拉貢聯合公司廣受好評。該組織有完善的法規，成員多達83000人，即使是在經濟危機中也能保持快速的發展。荷蘭的阿爾茨海默症患者療養鎮霍格威也是個值得參考的例子，那裡的居民過着相互幫助的生活。

建立霍格威小鎮的想法來源於護工之間的閒聊。不應該讓政治家全權負責建立21世紀應有的社會體系，而是要讓相關人士也參與摸索。對於《護理保險修正案》將需要1級和2級護理的人排除在外一事，我們的確不應該默不作聲。

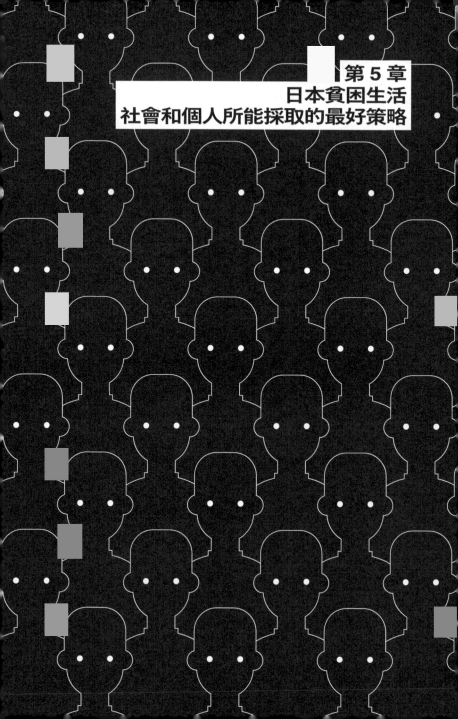

第 5 章
日本貧困生活
社會和個人所能採取的最好策略

貧困對策有「防貧」和「救貧」兩種。如果說對教育的投資可以最大限度預防貧困，那麼為人民提供基本生活保障則是一種救貧措施。在日本，本應是防貧對策的教育卻因獎學金利息過高而將學生逼入困境。同樣，本應保障人們生活的安全網也因為「貧困都是自己造成的」等言論而越收越緊，讓人喘不過氣來。社會保障就處於這種極為扭曲的現象的中心。另一方面，在金融危機等一系列事件的影響下，政府採取了緊急應對措施，這些措施在法律上有時限，且附帶繁瑣的條件，令人費解。各種各樣的社會保障制度都像紙糊的一般一戳就破。在這樣的社會環境下，讓我們在 NPO 等諮詢機構的幫助下，一起來了解對自己適用的制度吧。

關於日本的社會保障制度

接下來，我將對日本的社會保障制度進行基本的說明。儘管我們可以通過政府機構的宣傳冊或通過網絡進行了解，但是我也親眼目睹了無數老年人在被工作人員告知「請上厚生勞動省官方網站查詢」時無助的樣子。事實上，我個人認為應該像普及義務教育一樣普及這些知識。除基本說明外，我將在「生存策略①－⑥」中分享 hotplus 使用過的捷徑和一些鮮為人知的與制度有關的簡單信息。

雖然日本在第二次世界大戰前已有互助制度，但是保障國民生存權的法律是在 1947 年《日本國憲法》施行後才制定的。作為社會保險的補充制度，「社會福利」「公共扶助」「公共衛生」等也得到了發展。

（1）社會保險

社會保險是以國民繳納社會保險費為基礎的制度，是日本社會保障的根基。

當國民因疾病、受傷、生育、死亡、年老、殘疾、

失業等陷入生活困境時，可根據社會保險制度獲得一定的補助。

具體而言，社會保險包括健康保險和年金保險。

健康保險

醫療保險的一種，被保險人就醫時僅需承擔部分費用（一般為 30%）。為了讓所有人都看得起病，健康保險是面向全體國民的。雖然公務員、船員等不同職業的人所享受的健康保險種類有所不同，但是最具代表性的是以下兩種：

①社會保險

以公司為單位參保。保險費由被保險人和公司各承擔一半。

②國民健康保險

個體經營者、非正式雇傭員工等以個人身份參保。保險費取決於被保險人上一年度的收入情況。

◀ 生 存 策 略 ① ▶
尋求醫務社工的幫助

保險的作用並不僅僅在於降低醫療費用。通過高額療養費制度，因接受手術或其他原因而超出一定金額的治療費將返還給被保險人。不僅如此，難以承擔保險費的參保人可以採用延期或分期的方式繳納。在

這方面，人們可以諮詢那些常駐於規模相對較大的醫院的醫務社工。

這些人也被稱為醫療顧問。當病人、傷患及其家屬有不懂的地方時，醫療顧問會告訴他們可以使用哪些制度，以及如何使用、需要滿足什麼條件。醫療顧問大多是有資質的社會工作者，可以幫助病人解決出院後無地方居住和回歸社會的問題。

大致的流程為先向診療人員諮詢，然後到醫療諮詢室面談。相關人員都有保密義務，不會對外洩露面談內容。

此外，你還可以向社工諮詢沒有錢支付醫療費用、居無定所且無居住證等各種各樣的問題。《社會福利法》規定了「為生活困難者提供免費或低費用的醫療服務」。除了眾所周知的社會福利法人恩賜財團濟生會下以「某某濟生會醫院」命名的醫院外，還有許多醫院都是**免費及低價醫療機構**。在全日本民主醫療機構聯合會的官方網站（https://www.min-iren.gr.jp/?p=20120）上可以按指定地區檢索醫院。在醫療諮詢室與社工面談後，便可安排就診。

年金保險

指的是每月繳納一定金額的保險費，作為國民退休（60－65 歲起）後遇到殘障、死亡等問題時所需要的公

共養老金。人們一般稱該制度為「雙層建築」。個體經營者每個月只需繳納國民年金，而公司職員則需要同時繳納國民年金和厚生年金的保險費。2016 年 3 月國民年金法修正案提交國會後，政府針對年金保險制度的管理使用進行了多次重新評估，需在日本年金機構的官方網站（http://www.nenkin.go.jp/）上確認最新信息。

①國民年金保險

所有在日本境內居住的 20−60 歲居民都必須加入國民年金保險。該制度為收入不穩定的非正式員工和個體經營者提供老後的保障。此前的規定為持續繳納保險費 25 年後方有資格領取年金，在相關法規經過修改後，繳納期縮短為 10 年，從 2017 年 10 月開始生效。據稱有資格領取基礎年金的人因此新增了約 40 萬。

除此之外的其他措施包括可補繳 5 年內的保險費，增加將來年金領取額的特別繳納制度，推遲領取年齡以增加領取金額等。

②厚生年金保險

公司職員在已經加入國民年金保險的基礎上加入厚生年金保險。所有法人事務所、員工數為 5 名以上的個人事務所都有義務加入厚生年金保險，70 歲以下的全體員工都是被保險人。非正式員工的工作時間和天數若超過正式員工的四分之三（大致為每週 30 小時以上），則可以參加厚生年金保險。2016 年 10 月起，厚生年

金保險擴大了覆蓋範圍，針對員工人數達到 501 人的公司，參加厚生年金保險的條件由每週工作 30 小時調整為了每週工作 20 小時。

③障害年金保險

該年金保險制度所針對的是因疾病而在工作、生活上有困難的人。很多人誤以為只有殘障人士能參加該保險，事實上，諸如癌症、心臟病、腦部疾病患者等，均在覆蓋範圍以內。有些人年紀輕輕就患上進行性疾病，而障害年金保險可以說是專為這些將來拿不到養老年金的人制定的預支年金的保險制度。醫生們不了解障害年金保險的情況也是存在的，因此建議有需求的人向社會工作者、社會保險工作者、NPO 等尋求幫助。

生存策略 ②
超老齡社會中絕不能錯過的
年金信息新動向

除上述公共年金制度以外，還有企業為員工提供老後保障的「企業年金制度」。該制度產生於 1965 年前後，為慰勞長年為公司工作的員工，將全部退休金分期發放給他們。在日本經濟高度發展時期，物價飛漲，工資卻沒有跟着快速增長。對此，公司向員工一次性支付高額退休金，並設有月薪「延期支付」的企業年金制度。

然而，隨着人的壽命的延長，企業出現了被退休金拖垮的情況，不得不對企業年金制度進行修改。日本進入超老齡社會後，2016 年度社會保障相關經費佔國家一般預算支出的 33.1%，遠遠高於公共事業經費所佔的 6.2%，國防經費所佔的 5.2%。如何保障今後的財政收入成為當務之急。在這種情況下，我們會怎麼樣呢？萬一到了領年金的年紀，發現年金少得出乎意料怎麼辦？儘管 hotplus 等機構會繼續提供支持和幫助，但我仍要向大家介紹經驗豐富的「年金專家」的組織——「全日本領取年金者工會」。這個組織從 1989 年開始致力於解決老年人的貧困問題、無年金和年金少的問題。為了守護全國老年人的生命和生活，組織成員會陪同老人進行最低生活保障申請，拿回「消失的年金」，策劃社團活動以防老人陷入孤立狀態，等等。當然，除了老年人之外，他們也接受在職人員的年金相關問題的諮詢。

護理保險

所有國民從年滿 40 歲當月起開始參加並支付保險費的制度，用於幫助需要適當的護理服務的人，目的在於減輕被護理者家屬的負擔。以下為加入護理保險制度的程序。

①到當地負責該保險的窗口進行諮詢。

②申請護理需求認定。當地機構會要求主治醫生提供意見書，此外工作人員會登門進行審查。提交申請後 30 天以內會收到申請結果。根據最終結果的不同，每個人享受到的護理服務和補助金額會有所不同。大體上分為以下幾種服務：

- 介紹護理服務所需費用，制訂護理計劃。
- 登門提供家務幫助等服務。
- 護理機構日託服務。
- 長期或短期的護理機構全託服務。

若一年內個人承擔的健康保險和護理保險費用超過一定金額，超過部分會作為「高額護理合計療養費」退還。若想減輕醫療費用和護理費用負擔，請務必使用這一制度。整理好所需材料，向居民卡登記所在地提出申請。

（2）社會福利

以下公共福利是為幫助殘障者、單身母親家庭等有困難的人克服社會生活中的不利條件而存在的。有相關需求的人請向居民卡登記所在地提出申請。

兒童福利

①子女補貼：在子女初中畢業前，按子女人數向父母發放補貼。可向居住地的市區町村諮詢申請手續。該

項福利不受個人收入影響。

②公立高中免學費和高中入學補貼：學生可以免費接受教育，就讀於國立、私立高中的學生可享受入學補貼。

③兒童諮詢所：根據兒童福利法，各都道府縣以及特定城市均有義務設立的兒童福利機構，提供諮詢、調查、保護、指導等服務。

單身母親家庭及遺孀福利

①兒童撫養補貼：向單親家庭提供經濟支持。

②單身母親家庭資金貸款制度：為教育、住房、結婚、技能學習、醫療護理等產生的費用提供貸款，免息或低息。此外，父親去世的單身母親家庭，可享受國民年金制度下的遺屬基礎年金、厚生年金制度下的遺屬厚生年金、最低生活保障制度下的母子額外補助，以及所得稅和居民稅中的減免福利。

◀ 生存策略 ③ ▶
沒有進行居民登記的情況下
如何使用公共福利制度

原則上，公共福利由居民卡登記所在地的自治體提供。然而，也存在出於某些原因無法進行居民卡登記的情況。若向當地政府機構諮詢，就會得到工作人員的幫助，雖然不一定能百分百解決問題，但希望大

家不要放棄這條途徑。尤其是政府機構也在不斷加深對家庭暴力和尾隨跟蹤等行為的受害者的理解，由配偶暴力諮詢援助中心接受相關諮詢。

- 應急制度使用實例

①向當地政府提出申請，告知工作人員你正在躲避家庭暴力或尾隨跟蹤，要求他們限制公開你的戶籍、居住卡等信息，以避免你的下落被對方知道。

②出走時要帶上保險證。如果在沒有攜帶保險證的情況下使用國民健康保險，要將自己和丈夫的家庭分開。在有保險證的情況下，使用時要事先向醫院說明情況，提出即使是家人來詢問也不能透露自己的住址、電話號碼等信息的要求。

③若自己是丈夫的被保險人，則退出丈夫的健康保險，重新加入國民健康保險等。雖然在這種情況下，退出保險的手續只有丈夫可以辦理，但是可以向政府機構說明情況，要求採取特殊措施。此外，還可以申請最低生活保障，使用醫療券就診。

（3）公共扶助

最低生活保障

該制度向所有為生活所困的國民提供必要的保障，以保證其能過上健康又文明的最低限度的生活。被保障

的生活水平（即最低生活保障基準）根據居住環境以及家庭組成等有所不同，且每年都有所變動。原則上，當所有家庭成員動用了所有可以動用的資產——包括年金、補貼等——使用了所有可以使用的制度後，家庭收入仍然少於最低生活保障法中規定的最低生活費，才可以使用最低生活保障制度。根據法律規定，最低生活保障由八種「扶助」和各種額外補助構成，具體項目如下。

①生活扶助：一類為食物、衣物費用等，二類為水電費、傢具、家居用品等；

②住房扶助：房租、修繕費等；

③教育扶助：義務教育中必需的學習用品等；

④醫療扶助：醫療費、就醫所需交通費等；

⑤護理扶助：上門護理費用、護理機構入住費等；

⑥生育扶助：生育所需費用；

⑦職業扶助：就業工作所需費用、高中學費等；

⑧喪葬扶助：葬禮所需費用。

「最低生活保障金的數額是統一的，即便不工作也可以得到一大筆錢。」相信這一說法的人多得數不過來。然而，國家制度哪裡會如此簡單。最低生活保障金的數額並不是統一的，針對地區、年齡、家庭成員等各個項目都有詳細的金額規定。政府在提供最低生活保障時，主要以被保障人的收入是否低於當地最低生活費（生活扶助基準）為根據。

讓我們以 hotplus 所在的埼玉市為例，計算具體的金額。根據厚生勞動省的說法，作為首都圈內的政令指定市，埼玉市被認為是各類物價以及居住成本較高的城市，屬於「1-1 級地」。日本全國各個城市被劃分為 1-1 到 3-2 的 6 個等級。

在埼玉市，單人家庭在需要支付房租的情況下，每個月可獲得住房扶助費的上限為 4.5 萬日元（2 人家庭為 5.4 萬日元）。可獲得的一類和二類生活扶助費的總和約 7.9 萬日元（單人家庭）。該金額會根據年齡以及家庭成員的不同而變動。獨居者可以獲得的住房扶助和生活扶助合計約 12.4 萬日元。

患有疾病的人可以從福利事務所獲取醫療券，到最低生活保障法規定的醫院就診。這就是醫療實物補貼。持有殘疾證（1 級或 2 級）的人，可獲得約 2.6 萬日元的額外補貼，有 1 名子女的單身母親家庭可以獲得約 2.27 萬日元的額外補貼。除此之外，還有產婦補貼、冬季補貼等。

其他地區的最低生活保障基準還包含另外一些生活中必需的服務。即便你對最低生活保障本身沒有興趣，也可以去了解一下這些信息，弄清楚居住地自治體的服務指標以及物價水平。如果家庭收入只達到保障基準的 1.2 倍、1.3 倍，則被認定為低收入家庭，進入援助對象範圍。希望大家改變看法，將最低生活保障制度視為社

會福利相關的各類補助的根本，而不是「不管怎樣都能獲得一大筆錢的制度」。

生 存 策 略 ④
用申請代替諮詢

從原則上講，最低生活保障制度以申請為基礎，必須要本人或共同生活的親人去相關窗口辦理手續。無法自己前往的情況下，福利事務所可以提供職權保障服務。

在申請的時候，要明確告訴窗口工作人員「我是來辦申請的」。請大家務必要注意，如果你告訴工作人員「我在生活上有困難，該怎麼辦？」，對方可能會建議你去工作，然後拒絕你的申請。

即便只是口頭上，只要明確表達申請意願，政府機構就會提供申請表。一定要**明確地告訴對方「因為我生活上有困難，所以需要申請最低生活保障」**。申請的時候要帶上印章（非滲透印章），最好帶上存摺。如果住在出租屋裡，把可以證明房租金額的合同也一併帶上。持有這些文件可以讓對方了解你的窮困程度，有利於加快申請進程。

填寫申請表的時候，工作人員會仔細詢問你的生活困難程度，包括持有的現金金額等。此舉並沒有惡意，是希望你能證明自己沒有資產。根據自治體的不

同，有時會讓你先把文件帶回去，待他們調查登記後再通知你過去。這是因為詢問和登記的過程需要 1 個小時，有時整個申請過程將長達 3 小時左右。比如，如果存摺裡的存款超過 1 個月的生活扶助費，即 7.9 萬日元，申請人會被告知將這些存款用完再來申請，因為該申請人的經濟條件超過了生活窮困的判斷基準。

此外，因患病或者失業而無收入來源的人，若其銀行賬戶餘額達到 10 萬日元，雖可以申請最低生活保障，但是第一個月的生活補助會被扣掉 10 萬日元。

關於房產和私家車上的要求，很多人都有所誤解。目前的政策下，只要沒有收入，即使有房產和私家車也是可以申請最低生活保障的。如果在你居住的地方，車輛是正常生活所必需的，需要開車往返醫院、接送孩子等，只要有諸如此類的正當理由，就可以在一定條件下被允許繼續保留私家車。另一方面，如果房產的售價不高，繼續住着反而更有利用價值，也會被允許繼續持有房產。就算房產和私家車被認定為資產，但是因為無法立即出售，所以一些情況下可以先接受補貼，待資產售出後再中止或廢止最低生活保障，並退還此前的補助金額。

通過謊報信息進行的申請，可能會被中止或廢止，同時還可能被要求返還補貼金額，面臨刑事處罰。因此，請大家用真實信息進行申請。

生活福利資金貸款制度

該制度面向低收入、殘障人士、老年人、失業人士家庭，以無息或低息的形式提供貸款。65 歲及以上的老年人若住在自己名下的房子裡且已經還完房貸，以該房產為擔保，可以通過「不動產擔保型生活資金」制度貸款土地評估額的 70% 左右，每月最高可貸款 30 萬日元生活費。請前往居住卡登記所在地的社會福利協會諮詢詳細信息。

工傷保險制度

這是被保險人因工作或者通勤過程中的災害受傷、生病、殘疾、死亡時可以得到保險補償的制度。經勞動基準局評判，若符合條件，被保險人將從政府掌管的工傷保險中獲得與受害程度相應的醫療費、退職金、年金等。保險費用由企業全額承擔。無論是兼職員工還是正式員工，所有勞動者都在工傷保險的覆蓋範圍內。

一般由公司提出保險賠償的要求，但被保險人本人和其家人也可以提出申請。到工傷指定醫院就診、接受治療時，只要告知窗口工作人員自己是工傷保險的被保險人，並出示「賠償申請表」即可，不需要自己承擔費用。

患病且沒有收入來源，
組合制度突破雙重難關

　　傷病帶來的困難是雙重的，患者不但無法工作，沒有收入來源，而且要支出醫療費。但是，如果滿足一定的條件，如明確處於無法工作的狀態、需請假 4 天以上等，則可以獲得最高相當於六成月收入的傷病補貼，領取時間最長可持續 18 個月。如果能用這些錢補貼治療費和生活費，早日恢復健康，回歸職場，那是再好不過了。即使**被公司威脅「生病了就給我辭職」，也請不要輕易妥協**。短期內恢復健康然後換工作的想法並沒有那麼容易實現。即便是到了快退休的年紀，只要還是公司的員工，就可以獲得補貼。同樣是辭職，應該選擇對自己有利的方式。

　　雖然傷病補貼針對的是非工傷和疾病，但工傷保險的被保險人也可以申請傷病補貼。

　　一名就職於設計公司的 30 多歲女性因長時間工作而病倒，有資格申請工傷補償。然而，勞動基準局要先調查她的病情與工作的因果關係，需要一定的時間來完成工傷補償的判定以及補償金的發放。在這種情況下，通常的做法是調用自己的帶薪假期，一邊向公司告假一邊申請醫療保險中的傷病補貼。等工傷的認定完成後，換為工傷補償。工傷補償相較於傷病補

貼更為豐厚，如不幸落下了殘疾，可終生享受補償，也不用自己承擔治療費用。

為了維持生活，在無法工作期間獲得收入是十分重要的。希望大家能一邊充分利用「門檻最低的」傷病補貼制度，一邊結合其他制度，在避免陷入生活窮困的同時接受治療，安心休養。

雇傭保險

該制度致力於改善勞動者生活，維持雇傭水平的穩定，促進就業，向失業人群以及接受職業訓練的人提供失業補貼等。勞動者只要滿足「每週工作時間滿 20 個小時」和「預計被雇用時間超過 31 天」這兩個條件，無論就職單位規模如何，均為雇傭保險的被保險人。雇傭保險的保險費由勞動者本人和用人單位支付，國家也會承擔一部分。詳情請諮詢最近的勞動就業培訓中心或各都道府縣的勞動局。

①求職者補貼：基本津貼、技能習得津貼、交通津貼、培訓津貼、寄宿津貼、傷病津貼。

②教育訓練補貼：參加並完成指定課程後，本人向學校支付的經費由勞動就業培訓中心返還一部分。主要為護士、牙科醫生、保育員、理髮師、營養師、維修員等專門職業的培訓課程。

③離職人員住房援助補貼：為因付不起房租等情況

而可能失去住所的離職人員提供公租房、房租補貼等。這是日本首個公租房補貼制度。儘管需要滿足一定的條件，如正在勞動就業培訓中心進行求職申請等，但是如果能使用這一制度，就不會失去住處了。

幫助解決生活中各種困擾的「生活窮困者自立支援法」

眼下貧困不斷蔓延、貧富差異逐步擴大，但使用福利制度時仍需要滿足各種條件，辦理手續也十分繁瑣。從 2015 年 4 月開始，全國各地自治體開始試行綜合性諮詢援助。厚生勞動省的說明如下所示。

自立諮詢援助事業	專業的工作人員和諮詢者一同思考可行的援助形式，制訂以自立為目標的援助計劃和時間表。
住房保障補貼的發放	當諮詢者因離職等原因失去住處，或有失去住處的危險時，若其滿足正在找工作等條件，則可在一定時間段內向其發放與房租金額相當的補貼。
就業準備援助事業	當諮詢者面臨「對社交活動感到不安」「難以與他人順利交流」等困難時，通過為期半年到一年的項目，培養其適應一般就業的基礎能力，同時提供就業援助和就業機會。需要滿足資產收入方面的一定條件。
家庭經濟諮詢援助事業	為重建家庭經濟提供建議。對家庭經濟狀況實行「透明化」調查，掌握根本問題，幫助諮詢者培養管理家庭經濟的能力。根據情況制訂援助計劃，聯繫諮詢援助相關機構，必要時幫助其申請貸款，支持其完成初步的生活重建。

就業培訓事業	提供工作形式靈活的勞動場所，即為難以從事一般勞動的人提供合適的工作機會，同時也在個別就業援助項目的基礎上實施面向一般就業的中長期援助。
窮困家庭子女的學習援助	以子女的學習援助為主，創造可以讓兒童養成日常生活習慣、認識新朋友的環境。升學相關幫助、防止初升高中途退學的相關援助等，為子女和監護人提供必要的支持。
臨時生活援助事業	在一定時間段內，提供住所、衣食等。此外還面向諮詢者今後的生活進行自立上的援助。

雖然此前已有類似制度，但是由於沒有被整合，各個辦事窗口經常踢皮球般互相推諉。為了改善這樣的情況，今後還要增加新的援助項目。儘管人們還有各種擔心，如該制度最重要的援助環節會不會被外包等，但我還是想用長遠的目光關注這個問題。如果你的問題沒有得到妥善解決，希望你可以聯繫厚生勞動省並提出意見。

民間以及半官半民（NPO 等）的援助制度和活動

除了政府機構外，NPO 以及民辦事業單位也在採取防貧救貧措施。在此我想介紹其中的一部分。

援助類合租房

為因失業或拖欠房租而失去住處的人提供緊急避難所。不只是提供出租房屋，還有諮詢員上門幫助租戶走

向自立。這類合租房由全國的 NPO 法人運營，與自治體之間也有合作。通過利用閒置房，讓人們可以在最大程度上享受日常生活狀態的房屋日漸增多。

地區網絡

即使被援助者住進了公寓，也很少有人能馬上過上「健康且文明的」生活。也有人接受援助後一直把自己關在家裡，從早到晚看電視。無論接受了甚麼樣的援助，受援助者都需要一個不受歧視的、免費的社交環境。全國範圍內出現了許多供福祉專業的學生、單身母親、認知症患者、符合最低生活保障申請條件者等進行交流的場所。文化館、咖啡館、私人改造的民房等，種類繁多。可以在自治體的主頁查到相關信息。

生 存 策 略 ⑥
獎學金還款期限延緩制度

大學畢業後若以非正式雇傭的形式工作，實際月收入為 16 萬日元左右。扣去國民健康保險費、國民年金保險費、房租以及當月需還的獎學金之後，剩下的錢連吃飯都不夠。很少有人知道，在這種時候可以使用還款期限延緩制度。該制度涵蓋傷病、失業、低收入、受災、產假等各個方面。

• 獎學金還款諮詢中心

電話：0570-666-301

海外用戶、部分手機和 IP 電話用戶請撥：03-6743-6100

受理時間：週一—週五 8:30—20:00（法定節假日除外）

我們在第 3 章已經就日本學生援助機構以「獎學金」的名義提供「教育貸款」的問題進行了說明。當遇到因無法按時還款而陷入困境的情況時，請不要顧慮太多，儘管諮詢。

- 獎學金問題對策全國會議（東京市民法律事務所）

電話：03-5802-7015

受理時間：週一週五 9:30—17:30

食物銀行、兒童食堂

日本的食物浪費十分嚴重，每年丟棄的可食用食物達 632 萬噸，其中包括因食品包裝上印錯字而無法在店裡出售的食物（農林水產省調查）。因此，進入 21 世紀之後，地方的飲食店與 NPO 法人等合作，開始試着將這部分食物送給有需求的人。日本各地的 NPO 法人紛紛行動，首先將食物送到社會福利機構儲存，後通過做飯賑災的方式分發。

作為生存基礎，「食」有各種可能性。與食物銀行

合作的兒童食堂成了窮困家庭的交流中心。讓兒童對吃飯懷有期待是「食育」的一環，從幫忙洗菜等過程中，兒童學會了基本的生活習慣。有的父母夜裡也在工作，兒童食堂讓本來只能一個人吃飯的孩子體驗到了與他人一起吃飯的快樂。此外，在對中小學生開放的「援助房」內，孩子們不僅能獲得食物，還能得到學習上的幫助。

如何將這樣的信息整合在一起並且傳達給所有人，這是下一個課題，但信息量不斷增加是一件令人欣喜的事。

有一種觀點認為，給旱災、地震災民捐糧可以，但不支持幫助那些生活困難的人，因為他們「自作自受」。我想提醒大家，貧窮是社會的災難。

企業也可以將儲存的員工應急食品捐給食物銀行。雖然不同團體的適用條件不同，但超出保質期的食品都是不能進行捐贈的，需要儘早檢查。

放下驕傲，增強「受援力」！

上述國家和民間的福利服務是所有人都可以使用的。如果你認為身邊有人需要援助，請務必告訴他。「要是弄錯了……」「說不定是我多管閒事了」，這些顧慮可能是致命的。

能說出「我遇到困難了，請幫幫我吧」這樣的話，並且堂堂正正地接受援助，這也是一個人生存的能力。也就是說，有能力依賴別人並向別人求助，這並不是懦弱，而是一種強大。防止孤獨死和自殺的關鍵就在於毫不猶豫地接受必要的援助。為了能更好地接受幫助，平日裡就要了解最低生活保障以及社會保障的相關知識。

從性格上來說，頑固的人和氣量小的人比較危險。一邊拒絕接受他人的援助，一邊把自己逼得喘不過氣來，我們稱這樣的人為「受援力低的人」。「受援力」是救援領域的術語，與之對應的是「援助力」。在被阪神大地震和東日本大地震等災害重創過之後，日本的援助力顯著提升，發展了有組織的志願活動。日本有眾多樂

於助人的人，哪怕只是盡微薄之力。然而，災區明明有很多志願者，尋求幫助的人卻很少。

在日本，很多人指責遇到困難的人「自作自受」，但同時又有很多人想幫助他人。能否激發「助人的慾望（行動）」，取決於求助的方式。

帶薪休假吧

要求專科學生在上課期間請假去打工的黑心企業店長自稱幾乎請不到假，因此不會寬容地對待他人的請假行為。原則上，與僱傭形式無關，無論是兼職員工還是臨時工，每半年都享有 10 天的帶薪假期。持續工作 6 年半，則增加到 20 天。如果你在職場裡是上司，那麼見你主動帶薪休假，下屬也更容易請假。互相監督着不讓請假的職場，往往工作效率不高。

根據日本全國健康保險協會（加入人數約 3600 萬）2014 年的報告，申請工傷補貼的理由中，最多的是「精神以及行動障礙（抑鬱症）」，共 22161 例，佔總數的 25.7%（2013 年數據）。在第一次就業冰河期的 1998 年，該理由佔 5505 例，也就是説 15 年裡這個數字增加到了原來的 4 倍。

原因之一在於沒有機會恢復身心健康的長時間勞動。在大型 IT 企業和建築公司，終於開始了勞動意識

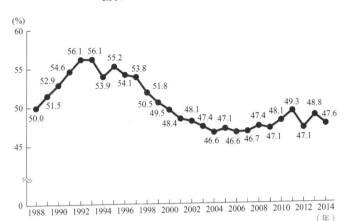

圖表 5-1　帶薪年假使用率變化

(%)

出處：2016 年預防過勞死的措施白皮書

改革，將加班嚴重的問題納入管理責任。企業的這種嘗試能否普及到便利店、飲食行業等無法避免深夜工作的職場，是能否提高社會保障水平的關鍵。正如禁止週末營業的歐洲，或許日本也需要政府出台規定，叫停過度競爭。

在生活被毀掉之前加入工會

在第 2 章和第 3 章已經講過，持有「不為兼職提供工傷保險」「申請帶薪休假要扣錢」等荒謬觀點的黑心企業確實存在。此前還有大型便利店對請病假的兼職女高

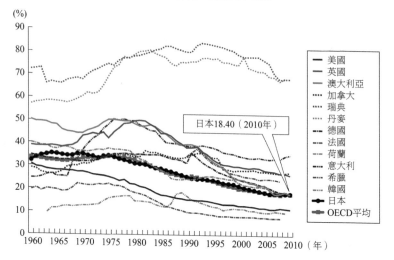

圖表 5-2　各國工會加入率比較

(%)

90
80
70
60
50
40
30
20
10
0

1960　1965　1970　1975　1980　1985　1990　1995　2000　2005　2010（年）

日本18.40（2010年）

—— 美國
—— 英國
—— 澳大利亞
······ 加拿大
······ 瑞典
······ 丹麥
-·-·- 德國
-·-·- 法國
—— 荷蘭
-··-·· 意大利
—— 希臘
—— 韓國
●● 日本
■■ OECD平均

出處：2012年厚生勞動白皮書

中生進行罰款的新聞。

　　工會是保護勞動者的組織，卻由於日漸被弱化而失去了價值。我一直推薦那些確定了就業單位的學生們首先要加入某個工會，和那裡的朋友交換信息。兩三個有共同問題的人就可以組成一個小團體，如果職場中有兩三個同事為你出頭，對於談判也是有利的。正是因為沒有與境遇相同的人進行交流，才會誤以為只有自己辛苦，從而默默忍受。團結是根本。針對黑心企業的訴訟也是如此。小團體只有團結一心，才能從大企業手裡贏回拖欠的薪水、權利保障和人道的工作方式。

就算企業沒有工會，現在也有越來越多允許個人加入的聯盟。有的工會費用僅為每月 1000 日元左右，不僅會組織交流會、講習班等，還接受工傷的相關諮詢。下面分享的是與 hotplus 合作的一個聯盟，當然除此之外還有很多。若有興趣，不如加入試試。不管是哪個聯盟，都會嚴守成員的秘密。

- 黑心兼職聯盟

電話：03-6804-7245

受理時間：每天 10:00－22:00

※ 諮詢免費

準備分散風險的最佳時期是 40 多歲時

「等到了 60 歲我就在當地參加各種活動，發光發熱。」這樣積極的文字時不時就會進入我的視野。不過，我個人認為從更早的時候開始作養老準備比較好。人還沒有能幹到能前一天剛退休，第二天就開始發光發熱。一直專注於工作的人，辭職之後會悵然若失，受到不小的打擊。

以在某都市銀行工作過的一位男性為例，他一次性拿到了 3000 萬日元的退休金，65 歲起每月可以拿到 24 萬日元年金。這算不錯的開頭。此外，他在埼玉市有一套已經還完貸的房子，可以說是人生贏家。

然而，退休後的他無處可去，63 歲就患了認知症。他開始對妻子使用暴力，最終夫妻倆沒有辦法一起生活。他的妻子一直是全職主婦，所以離婚後賣房子的錢兩人平分，他還要從每月的年金中分 8 萬日元給妻子（自 2008 年修訂法律後，離婚後男方的年金也要分給女方）。兩人分別在新的公寓裡開始了新生活。轉眼間日本就多了兩個「下游老人」家庭。

該男子因為患認知症，所以無法工作，房東來找他商談事情時發現公寓裡被弄得亂七八糟，堆滿了垃圾和箱子。因為他拖欠房租，所以房東也很困擾，希望他早點搬走。我們介入之後，將他臨時轉移到了 NPO 性質的避難所。雖然他後來加入了護理保險，但是很快就被查出患有癌症，身體日漸虛弱，就這樣離世了。他的家人則說：「連他的臉都不想看到。」

我們去整理他的公寓時，發現了成箱的保健食品，還有寫着 50 萬日元、70 萬日元的由不知名的宗教團體開出的捐款單，大概是受騙交了錢吧。不知是不是工作時養成的習慣，他帶回了成堆的小酒館的收據。和妻子離婚後，只能花錢和別人談心了吧。

這位男性把一切生活事務都交給妻子打理，自己全身心投入到工作當中，直到退休。這種極端的生活模式，一不小心就會轟然崩塌。公司對此負有一定的責任。此外，直到 1993 年，日本的學校才開設家政課，

在那之前沒能把家務的重要性通過公共教育傳達給男性，這是社會的責任。這一案例不禁讓人思考，如能早一點分散風險因素，情況又會如何呢？

風險規避措施

• 避免一心撲在工作上，培養生活能力，如做家務、帶孩子。

• 參加社區活動，建立與家庭關係類似的關係。只要和周圍人建立聯繫，就會收到諸如「最近看起來沒甚麼精神啊」「你還好嗎？」的關心，也更容易向他人求助。

• 為了避免退休後完全與工作脫節，可以做一些副業。既可以積累人脈，還可以獲得退休金以外的收入。退休後馬上開始做副業會有難度，適宜在 40－50 多歲的時候開始準備。

培養權利意識，確認將來年金的金額

日本年金機構向厚生年金保險、國民年金保險的被保險人寄「年金定期通知信」。生日當月以明信片的形式，而在 35、45、59 歲等代表人生重要階段的年份則以書信的形式郵寄。保險人年滿 50 歲以後，日本年金機構會估算其在持續做當下的工作到 60 歲的情況下的

「年金金額」。這些都可以是規劃老年生活的基準。退休後收入不足的部分通過副業賺取，最好事先作好規劃。

然而出人意料的是，很多人都不知道自己未來能領取多少年金。由於年金的支付額度在年年減少，最好事先確認一下有沒有遺漏支付或是支付情況不明的時間段出現。很多人認為自己還有工作，不需要年金，但是疾病、事故等是無法預測的。

2016 年 10 月起，厚生年金保險、健康保險的覆蓋範圍擴大。保險金額、賠償內容等也可能發生了改變。厚生勞動省的主頁上有具體的情況說明。

- 厚生勞動省網址

http://www.mhlw.go.jp/stf/seisakunitsuite/
bunya/2810tekiyoukakudai/

選舉能改變甚麼

以食物浪費為例，剩餘的食物通過各個福利設施被送往兒童食堂，在自治體提供補助金的情況下，是國民繳納的稅金支撐着這一舉措。我們繳的稅被用於醫療、教育、福祉等各個領域，部分返還到國民手中。這樣的分配很大程度上取決於政治情況。在日本，執政黨對我們的生活產生決定性的影響，甚至一根蘿蔔的價格都可能隨之變動。這一點是我們需要認識到的。現今，社會

保障和國防支出日漸增長的同時，護理保險報酬和最低生活保障預算等部分社會保障和貧困對策卻在減少。

約會吃飯而已，為甚麼 1 萬日元就花完了呢？為何坐新幹線往返要花 2 萬日元呢？不妨試着就每筆日常開銷提出疑問。因為重複上述活動，我們的存款越來越少，將來會被捲入貧困的漩渦。

這些開銷確實是能減少的。公車費、伙食費、煤氣費等生活費用是可以節約下來的，但是都會隨着政治動向和稅收方式變化。投票選舉就像蝴蝶效應 —— 哪怕是巴西的一隻蝴蝶扇動了一下翅膀，也有可能引起德克薩斯州的龍捲風。現在自民黨靠着組織票，即便年輕人不參政也能勝出（正如前首相森喜朗所言），所以並不在乎年輕人是否參加選舉，但在野黨會受到投票率的影響。比如說，因為受到年輕人支持而在美國總統大選中獲勝的唐納德·特朗普，今後很有可能調高非正式員工的最低工資標準。同理，在日本，只要有民眾發聲，也會有政治家站出來保證上調最低工資標準。

為了 1500 日元的最低時薪，在選舉投票時發聲吧！

2016 年，日本平均最低時薪終於從 798 日元增至823 日元（全國最低工資標準最高的東京都將平均最低

時薪從 907 日元上調到 932 日元）。然而，假設時薪為823 日元，每天工作 8 小時，每個月工作 20 天，月收入僅為 131680 日元。順便一提，日本以引進護理人才的形式吸引外國勞動者，然而會說日語的優秀人才驚訝於日本生活費用之高，逃回自己國家的情況時有發生。

每 3 個非正式員工裡面就有 1 人的收入佔其家庭收入的一半以上，承擔着養家糊口的責任。雖然安倍內閣制定了最低時薪 1000 日元的目標，但這依然不夠。假設時薪為 1500 日元，一年工作 1860 小時（全職勞動者規定勞動時間），年薪也只有 279 萬日元。在歐洲國家，最低時薪相當於 1000 日元、1200 日元是正常的。德國首相默克爾反對上調最低工資，她表示，如果將最低時薪上調，無法承擔人力費用的中小企業就會隨之破產。然而，只要國家對中小企業實行減免稅收措施就不會有問題，這一點在美國和法國都得到了證實。

説到政治舉措的經濟來源，金融界也是利害關係方。政治和金融息息相關，無論要動用哪邊的資源，國民都有可能間接地控制其方向。團塊二代和獲得了選舉權的十幾歲年輕人的投票改變了「投票勢力圖」。曾經在日本經濟團體聯合會等的反對下沒能實現的最低工資大幅上調和教育投資加強，首次迎來了有利局面。光是這兩點，就有可能讓年輕人的生活發生翻天覆地的變化。他們並不是甚麼都不想做，被詢問時，他們表示如

果有收入的話，就想多玩、多消費、結婚。

以市民團體 AEQUITAS 組織的「最低時薪 1500 日元」活動為參考，我們來看看 Twitter 話題「＃假如最低時薪變成 1500 日元」的發言吧。「想去醫院」「一天想吃三頓飯」，這樣的願望可以說是令人震驚的。你會在這個話題下寫甚麼呢？如果你能上網，請務必寫下你的想法，讓更多人有機會思考這個問題。

只有當對貧困和貧富差距有切身體驗的人開始關心政治，在社會上佔有一定地位後，旨在創造一個福利社會的群體才會形成。只能希望在那之前，日本社會能夠保持可持續性的發展。我們作為福利工作者的使命則是維護、延續各種社會保障計劃，至少盡最大努力減少負面影響。

結語

21 世紀被稱為「分裂的世紀」。

「分裂」的反義詞是「統一」。而在「統一」中找到了建國意義的美國，在馬丁‧路德‧金的努力和各種民權運動下，一點一點克服了根深蒂固的歧視問題，成為一個在多民族強大勞動力的幫助下發展得很好的國家。

然而，就是在這樣的美國，宣稱要「在美國和墨西哥邊境造圍牆」的唐納德‧特朗普卻在大選中以壓倒性的優勢取勝，成為美國第 45 任總統。特朗普發表了排斥外國勞工的言論，企圖通過立法限制或禁止來自有恐怖主義隱患的國家的人入境。他用簡單的方式告訴民眾，只要排除異己就可以變得富有。極端的言論無疑打開了潘多拉的魔盒，引發了激烈爭論，在美國國民之中製造了巨大的隔閡。

不僅是在美國，在法國和德國也有政黨和政治家鼓吹排斥特定民族、拒絕接受難民等思想。他們的支持者

都認為不排他就無法守護自己的利益和生活。不信任他人、拒絕合作的氛圍籠罩着這個世界。

與之相對的，由於日本是四面環海的島國，所以一直被認為不會像歐美國家一樣產生嚴重的種族歧視問題。但是，眼下對在日外國人的歧視逐漸顯現，這是走在路上就可以發現的。沒有接受最低生活保障的人指責接受最低生活保障的人，沒有請產假的員工排斥請了假的員工，此類令人歎息的分裂問題近年來愈發顯著。

從 1990 年代中期開始，在日本雇傭體制崩壞的背景下，各年齡層的收入都有所降低。企業裡悠閒的氛圍也不見了，貧困不斷深化，市民們甚至不得不開始互相爭奪社會資源。經濟依然止步不前，人們在這樣的環境下看不到希望，喪失了為他人考慮、親切待人的品格。

在《下游老人：一億人老後崩壞的衝擊》出版之後，許多致力於解決兒童貧困問題的人告訴我「相比於老年人，兒童才更重要吧」「要安排預算的話肯定是安排給兒童才對吧」。對於這些言論，我的回答只有一個：

「無論是兒童還是老年人，生活下去都不容易，兩者都應受到重視。並不是説像投票表決一樣，多數人認為『兒童更重要』的話老年人就得不到幫助了。並不是這麼簡單的一回事。」在這個世界上，群體對立隨處可見，如努力工作的窮人和接受最低生活保障的窮人之間的對立、正式員工和非正式員工之間的對立。現在的社

會人人自危，因此當有人説「去幫幫那個單身母親」時，就會有其他群體的人站出來説「我們也有困難，你這樣不公平」。我們不能陷入誰優先於誰這種狹隘的、毫無益處的爭論之中。

解決這個問題，需要不同年齡層以及生活水平的人共同參與討論，一切從彌合裂縫開始。

隨着貧困的加深，我們更容易發現社會中的分裂現象了。正因如此，我們要尋找的不僅是讓低收入人群，更是讓所有人都能得到幫助的方法。

仔細想想，人類已經渡過了許多次危機。冷戰是比較近的例子。在實現了全球化的 21 世紀，我們應該主動消除分裂，儘可能多地解救那些為生活所苦的人。我也是懷着這樣的初衷開始構思本書的。

本書的核心內容由在《每日新聞》網站經濟版連載的《下游化日本的處方箋》組成。該連載從 2016 年 6 月開始，每週更新後的點擊率都在增加，並通過轉發被分享給許多人。很多讀者表示在 hotplus 的諮詢案例中看到了自己的影子。首先，我想對此表示感謝。在連載過程中，貧困批判、年金削減法案的通過等圍繞貧困的問題幾乎每天都會出現。本書也將這些案例作為材料，進行了大量分析討論。

希望通過本書第一次接觸貧困問題的各位能了解與自身不同階級、群體、年代的人的生活。此外，若有人

能在自己能力範圍內採取行動，那我將萬分感激。如果依然抱着「貧窮是自作自受」的想法對他人漠不關心，那麼人與人之間的裂縫只會越來越大，說不定不久後就輪到我們苦於生計了。

　　貧困連接了不同年齡層的人。也就是說，貧困並不僅僅影響一代人，而是能夠世代相傳的。眼下，我們不僅要為解決將來的貧困問題尋找對策，也應該幫助現在有困難的人。別人的幸福會帶給你對明天的希望。

　　最後，我想對與我共同完成本書的夥伴們表示感謝。經濟版的策劃、從我寫這本書開始一直陪伴着我的《每日新聞》的戶嶋誠司先生，見證我工作全過程的《每日新聞》出版社的峯晴子女士，幫助我做編輯工作的柴崎梓女士，他們都對我關照有加。

　　此外，我還想感謝支持我寫書的 hotplus 事務局的工作人員們，以及在我忙忙碌碌時比誰都支持我的家人們。我的兒子今年 3 歲了，我希望未來的日本社會將是我的孩子和他的朋友們能夠安心生活的社會。今後我也會積極參與各種各樣的活動。

2017 年 1 月 31 日

藤田孝典